以学生为中心的高校教学与实践探索

◎王俏 著

湘潭大学出版社
XIANGTAN UNIVERSITY PRESS

前　言

提升高等教育质量的重心在于实现教学范式从以教师为中心向以学生为中心的转变。一种教学范式就是一种教学文化，而什么样的教学文化就会孕育什么样的人才。在教学上实现从以教师为中心转向以学生为中心的转变，是从根基和本源上重新认识高等教育，进而提升高等教育质量。

以学生为中心的教学是现代教育的基本理念，其理论基础来源于美国哲学家、教育家杜威以及罗杰斯等人的人本主义和皮亚杰等人的建构主义等。在20世纪初，杜威第一次明确提出“儿童中心主义”，他说：“现在我们的教育中正在发生的一种变革是重心的转移。这是一种变革、一场革命、一场和哥白尼把天体的中心从地球转到太阳那样的革命。在这种情况下，儿童变成了太阳，教育的各种措施围绕着这个中心旋转，儿童是中心，教育的各种措施围绕着他们组织起来。”在20世纪中叶，罗杰斯受到杜威儿童中心主义思想的影响，进一步明确提出了以学生为中心的教学思想。

以学生为中心的教学思想的提出与发展，对世界教育产生了深远影响。以学生为中心的教学的核心特征是关注高阶教学目标、关注教师指导与学生自主学习相结合、关注学生合作学习和关注表现性评价。具体而言，以学生为中心的教学，注重学生的学习需要、学习起点、个体差异、学习兴趣和学习经验，学生成为学习的主人，教师则从“讲台上的圣人”转变成为“学生身旁的指导者”。在教学目标上，以学生为中心的教学关注的不是知识的传递或内容的覆盖，而是学生学习的促进，高阶分析、整合、评价、运用等能力的发展。在教学过程和方法上，以学生为中心的教学是为了促进学生主动学习，关注教师指导与学生自主学习相结合，关注课堂师生面对面环境下的概念探究、意义建构和知识应用，关注合作学习。在反馈与评价方面，以学生为中心的教学关注表现性评价，以任务为驱动，通过提供给学生生活中或与现实情境相似的真实性任务，让学生充分运用相关知识、技能以及策略来解决尚未清晰化的现实问题，通过自己的创造性活动展现其综合解决问题的能力。

总之，在新的时代背景下，积极推进以学生为中心的教学范式的变革，是高校教学变革面临的一个机遇与挑战。它关乎高校办学的核心理念，关乎高校的精神气质与文化，更关乎高校的未来发展。

目　录

第一章　绪论

第一节　高校教学概述

一、高校教学本质

（一）对教育本质的认识

《教育基本理论之研究》中解释教育本质的最后一段文字是这样写的："探讨本质的路不止一条，而本质却只有一个；只有找寻到探讨本质的'正确的路径'，才能使教育本质的研究渐入'义一村'。这需要教育学界、哲学界、逻辑学界、社会学界、心理学界的共同努力。"这是作者总结多年来教育研究的成果时对教育本质所作的基本结论。

这段话表明，一方面对教育本质的认识取决于"正确的路径"；另一方面教育的本质还没有定论，仍是我们需要探讨的问题。

关于教育本质之争，共有多少观点，实难求全。据有关研究，至少有"生产力说""上层建筑说""基本属于上层建筑说""生产部门说""非生产部门说""双重属性说""统一说""桥梁说""多重属性说""特殊范畴说""社会实践说""生产实践说""精神实践说""人类加速自身建构与改造的实践说""培养人说""社会化说""个性化说""个体社会化完善化说""促进人的类本质属性的途径说""传授知识说""能力传递说""产业说""非产业说""相对说（转化说）"，此为24说。另有几种影响稍微小的，如

“生产力之母说”“影响灵魂说”“社会遗传说”“社会生活说”。

一般来说，“本质”是教育本质的元概念，没有对本质的正确认识和理解，就无法保证对教育本质及高校教学本质的探讨是在沿着一条正确的道路进行着。

哲学中的“本质”有以下三个要点：第一，事物的本质是由事物的内部矛盾、内部联系所构成的，而不是该事物与外部联系的方面。第二，本质所反映的内在矛盾是一贯的、稳定的、深刻的，而不是随外部条件随时变化的。第三，事物本质的改变，就是该事物质的规定性的改变，就是对事物的彻底否定。哲学上的这种本质观在很长一段时间里支配着人们把握教育本质的思路，这在一定意义上是合理的。但也有许多学者提出了质疑，怀疑本质的规定性。

任何事物既有内部结构，也有外部关系，高校教育自然也不例外。因此，要揭示某事物（包括教育）的特点和规律，就既要从其内部结构去考察，也要从其外部关系去探究。人是教育的对象，是教育的起点，是教育的终点，也是教育内部结构的核心。就教育理论建构来说，如果过多地强调从其外部关系去考察，忽视从其内部结构去探究，就会出现“教育学中无人”的现象，这是一种舍本逐末的做法。

（二）建立在人性假设基础上的教育本质

任何教育理论都是在一定人性假设的基础之上建构的，例如，孔子的教育主张是建立在他的“性善说”基础上的。在此所论述的教育的本质是建立在以上人性假设之上，既然人性是假设，那么教育的本质也只能是一种假设。

1. 教育就是发挥人的潜能。从人的个体生命来说，人首先是一种实然的存在，这种存在不同于动物之处在于——人是具有一定结构潜能束。众多国内外文献对这点几乎没有异议。人本主义者的“潜能”说是非常有价值的。造性、自发性、个性、真诚、关心别人、爱的能力、向往真理等，全都是胚胎形式的潜能，属于人类全体成员，这就为当代教育学强调教育对象的能动性、主体性、个性化和创造性找到一种可能性或一种萌芽，但是这些潜能仅仅是人体内一种类似本能的微弱冲动，一种可能性或萌芽；要使可能性转化为现实性，要使萌芽不会夭折，就要兴教育人，在教育中不断引导、发展、完善和巩固它们。

2. 教育就是发现人的价值。任何人在世界上都有其自身的价值。人本主义者从人的个体生命出发，认为人的终极价值是自我实现；马克思主义者从人的社会生命出发，认为人类的最高境界是共产主义，在这里人类由必然王国进入了自由王国，人是自己、世界的主宰者。前者重视人的内在价值，后者肯定人的内在价值的同时，强调人的外在价值。二者并不矛盾，而是有机统一的，内在价值是外在价值的基础，外在价值是内在价值的表现。

但是，上述人的价值不是一时就能发现和认识的。从历史上来看，原始社会由于生产力低下，人的生存经常受到外在客观力量的威胁，因而总觉得自己软弱无力，看不到自己已有和应有的地位、作用；奴隶社会是一匹马换五个奴隶的时代，人作为奴隶自然毫无地位、作用和尊严可说；在封建社会，封建统治严重桎梏了人的价值；资本主义社会对人的价值有了进一步的发现，但也受到了种种干扰。

由此看来，到现在为止，人的价值尚未获得充分的发现与全面而深入的认识，必须借助于教育。首先，教育使人类获得知识，这样人类才能睁开被蒙住的双眼。其次，教育引导人们创造地、能动地超越种种给定性，逐步从实然走向应然，从而坚持人的主体地位，发挥其主体作用。只有这样人才能逐步发现自身应有的内在价值和外在价值。所以说，教育就是引导人们发现个人的价值和人类的价值。

3. 教育就是通过文化的传递、内化、融合和创新使个体社会化。一个自然人来到世上便具有了成为人的一切可能性，但这种可能性向什么方向发展，成为什么样的现实，是由后天决定的，这就需要借助于教育。教育是教育者有计划地根据社会的需求对受教育者身心施加一定的影响使其符合教育者的意图，因此，社会的需求是人的发展方向，施加的影响就是文化的传递、内化、融合和创新。文化，指广义的文化，包括人文与科学，对学校而言，它不但是一种学识、一种智慧、一种氛围，更是一种人格、一种精神。教师通过教学传递文化，学生把文化内化为自己的素质，师生结合社会实际不断创造新的文化。这样，个体就成了既定社会的个体，一个能融入当前社会的个体，他具有了既定社会所需的学识、智慧和品格。值得注意的是，从人的个体生命来看，人的本性的发展方向是自我实现，但从人的社会生命来看，社会需求是人的发展方向。只有当自我实现与社会需求相一致，人性才能得到完美的发展，否则就会出现人的异化。

4. 教育的本质属性在于引导完备人性的建构与发展。教育通过文化的传递、内化、融合和创新使个体社会化，个体就成了既定社会个体，他拥有了某种知识、能力、道德品质、行为规范等，这是一种实然的存在，但教育不仅如此。人总是存在于实然与应然的肯定与否定的动态过程之中，能动地、创造地打破既定实然，而向应然腾飞。因此，教育本质属性更应当表现为：①它要使受教育者能够在已有的各种现实规定性中奋起去追求新的自我、新的世界；②使得一切文化知识、道德规范等的接纳，在他们身上产生生成性的变化，转化为创造的潜力；③使得受教育者能以一种批判的向度去面对、掌握、审视现实生活。人既是他正在成为的那种人，同时又是他理想向往的那种人，所以教育既要使人是其所是，又要使人是其所应是。

从以上分析可知，人既是个体生命与社会生命的统一，又是实然与应然的统一建立在这种人性假设基础上的教育实践，既能促进个体的发展，又能促进社会的发展；既能促进个体适应社会，又能促进个体的创新。总之，这种教育实践使人得到全面充分的发展，进而推动社会的进步。相反，如果失去了一半的人性假设，就会导致失掉了另一半的教育，而这种失掉了另一半的教育，培养的与其说是失掉了一半的人，不如说尚不是真正意义上自由自觉活动的人。因此，从基本的意义来说，教育应是人道的，因为它要讲理、讲道、讲技，总是围绕人来展开；离开了人，教育就会成为无本之木。

（三）高校教学的本质和特征

1. 高校教学是一个发展变化的概念。高校教学是一个发展的概念和事物。考察高校教学的历史演进过程，我们不难发现，这一人类教育活动很难说具体发生在何时，但毕竟源远流长，从原始起源、萌芽、成型到完善，经过了漫长的历史嬗变过程。它的内涵在不断地演化着，它的形式在不断地发展着，它的职能也在不断地丰富着。即使到了今天，它仍处在剧烈的变革和进步之中。

（1）不同时期概念的演变：中世纪大学是近现代高校教学的直接渊源。它是在仿照行会组织的基础上发展起来的由教师和学生组成的一种专门的、独立的学术与教育机构，并初步建立了比较完善的教育活动体系，其组织形式、管理制度、教学方式等都为近现代高校教学活动所直接继承下来。在中世纪，高校教学仅限于大学教育，Higher Education（高校教学）概念可以直接用University Education（大学教育）来指代，中世纪大学是围绕学科、专业来组织教育活动的，成为一种进行专业教育的机构。

资产阶级革命后，尤其是工业革命时期，欧洲各国教育制度基本确立，中等教育逐步与高校教学衔接起来，一些中等学校成了大学教育的预备机构，其主要是为学生升入大学做准备，这样，大学教育开始建立于中等教育的基础之上，并且不断地制度化、正规化。

到19世纪后半期，源于美国一直延续至二次世界大战以后，高校教学的活动形式开始了新的变化。一方面，高校教学的层次多样化，在大学、学院之下，派生出了专科学校、社区学院，在大学本科之上出现了研究生教育。另一方面，高校教学的形式复杂化，在正规的大学教育之旁又出现了诸如“开放大学”“函授大学”“业余大学”“成人大学”“广播电视大学”

“空中大学”等非正规大学。这些非正规大学也被许多国家纳入高校教学的范畴。显然，高校教学的概念已不能用中世纪的“大学教育”概念来指称了，于是，国际上出现了post-secondary education（中等后教育）和tertiary education（第三级教育）等高校教学的新概念。

当代高校教学概念的变化使高校教学服务对象也发生了变化，开始恢复到历史上无年龄限制的教育谱系，受教育者在年龄上已不存在明确的界限。高校教学由原来的“英才教育”“尖子教育”演变为“大众化”“普及化”的高校教学。

（2）不同国家概念的不同界定：不同国家由于政治、历史文化的差异，对高校教学概念的界定也不完全一致。联合国教科文组织于1962年在非洲举行的一次会议曾提出如下的定义：“高校教学是由大学、文理学院、理工学院、师范学院等机构实施的各种类型的教育。基本的入学条件是授完中等教育（普通、技术、职业中等教育或中等师范教育），通常入学年龄为18岁，修完课程即授予相应的学位、文凭或高等学习证书。”

联合国教科文组织于1976年制定的《国际教育标准分类》，对中等以上教育定名为“第三级教育”（tertiary education），以完成中等教育（第二级教育）或具有同等学力证明为进入本级教育的最低要求，它包括由大学、各级各类的独立学院、高等专科学校、各种成人教育机构及其他有关机构实施的该级正规和非正规教育。因此，一般认为与“高校教学”同义。但在有的国家（如英国），仅指属于高校教学水平的继续教育而不包括普通高校教学。

《苏联百科词典》中界定高校教学“是继中学教育后在高等学校里所获得的专门教育，是国民经济、科学和文化各部门中具有高等技能的专家所必备的教育”。

我国《教育大辞典》的定义是：“高校教学包括中等程度教育以上的各种专业教育及少量高校教学机构设置的一般教育课程计划所提供的教育。”

《中国大百科全书》的定义是：“高校教学是建立在中等教育基础之上

的各种专业教育。程度上一般分为专修科、本科和研究生班，教学组织和形式有全日制的和业余的，面授的和非面授的，学校形式的和非学校形式的等。高校教学一般担负着培养各种专门人才和开展科学研究的双重任务。按各国的传统习惯，实施高校教学的机构通常是大学、学院和专科学校。”

《中华人民共和国高等教育法》第二条规定：“本法所称高等教育，是指完成高级中等教育基础上实施的教育。”

上述各种定义的具体说法虽有所差异，但都包括下列三点内容：①受教育者具有中等教育以上程度；②由专门机构实施教育；③修完规定的课程即授予相应的学位、文凭或证书。

（3）不同学者的不同理解：自20世纪80年代我国高校教学研究广泛开展以来，已相继出版了一批《高等教育学》教材和专著。高校教学概念的不同，就反映在这些书中。在第一本《高等教育学》中，潘懋元认为，高校教学是建立在普通教育基础上的专业教育，以培养专门人才为目标。一般全日制本科生的年龄是20岁左右的青年，他们的身心发展已趋成熟。

高校教学的内涵可以从两个方面来理解：一是高校教学在整个学制体系中的位置；二是高校教学的性质。从高校教学在整个学制体系中的位置来看，高校教学是初等教育、中等教育和高校教学三级学制体系中的最高阶段，它是建立在完整的中等教育基础之上的教育。

从高校教学性质来看，高校教学是一种专业教育，是依据学科知识和专业分工培养高级人才的活动。由于专门人才的类型是多样的，既有学术型、研究型，也有应用型、技术型，因而，高校教学作为一种专业教育，既可以是学术性专业教育，也可以是职业性专业教育。从起源至今，其专业性是客观存在的。

因此，我们可以界定高校教学为：在完全的中等教育基础上进行的专业教育，是培养各类高级专门人才的社会活动。

本质规定了事物的整个发展方向，并体现在发展过程之中。高校教学是教育系统中最高层次、带头层次的教育，是一个国家教育水平的标志。

高校教学担负着为其他各层次的教育培养师资、管理人员和专门人才的任务，它的教育思想、教学内容和方法对其他层次的教育有导向性作用。因此，高校教学对其他教育的水平和质量具有决定性的影响。高校教学在整个教育系统中处于带头的、指导的地位。因此，需要重视对高校教学的研究，也需要把高校教学作为国家的重大事情来抓。

2. 高校教学的本质属性。任何事物都有许多属性，可分为本质属性和非本质同性。凡体现该事物的基本特征，并以此区别于其他事物的属性，是该事物的本质属性；不体现该事物的基本特征的属性为非本质属性，为了给判定事物的某一属性是不是该事物的本质属性，提供一个辨别标准或一个共同的衡量尺度。洪宝书提出了三个基本准则：①它是该类事物最一般、最普遍、最稳定的性质，是该类必然具有的条件；②它是该类事物区别于其他事物的原因和依据，是其他事物所没有而为该类事物所特有的属性；③事物的一切非本质属性，都是本质属性在不同侧面的表现。因此，从事物的本质属性出发，可以科学地解析事物的一切非本质属性的产生和发展。

在有关教育本质的讨论中，虽然有着各种不同的论点，但概括起来，大致有以下几种：①主张教育是上层建筑；②主张教育是生产力；③主张教育一部分是上层建筑，一部分是生产力；④认为教育是不能用生产力、经济基础、上层建筑等范畴来归类的社会现象，教育是一种特殊的社会实践。

上述四种主张，对我们都有一些启示，但也具有一定的片面性：①主张教育是上层建筑的观点，对教育的复杂性，特别是教育与生产力的关系，就缺乏有力的说明；②主张教育是生产力的观点，容易忽视对人的全面培养；③主张教育是实践活动的观点，也缺乏全面说明教育这种实践活动与其他社会实践活动的区别和联系，关于教育本质的讨论，无论是教育属于上层建筑说，还是教育是生产力说，或者教育是特殊社会实践说，都是在教育与社会的关系中做文章。

这启示我们，教育的本质是教育自身所固有的、较稳定的根本性质，是教育区别于其他一切事物的特殊属性。在中外教育史上，尽管对教育的解说各不相同，但有一点是一致的，就是都将培养人的活动视为教育区别于其他一切事物的根本特征。可见，教育是培养人的一种社会活动，是发挥人的潜力、发现人的价值，是通过文化的传递、内化、融合和创新使个体社会化，其本质属性在于引导完备人性的建构与发展。更具体一点，在教育活动中，既要体现出社会的要求，又要反映出人的身心发展的规律；既要“是其所是”，又要“是其所应是”。

我们知道，教育特别是高校教学受政治、经济和社会的制约，同时又对政治、经济和社会等起着巨大的反作用，具有上层建筑的社会属性。这种社会属性，在不同地区、不同国家、不同社会形态以及不同社会的不同发展阶段，所表现出来的性质和特点也不尽相同。在阶级社会里，统治阶级总是要使教育反映统治阶级的要求和意志并为其服务。高校教学的阶级属性主要表现在为什么人服务，由什么人掌握领导权，坚持什么样的办学方向，贯彻什么样的教育方针，灌输什么样的意识形态和世界观，倡导什么样的道德标准和价值观念，培养什么样的人才等。

高校教学的上层建筑属性，主要表现在高校教学与政治的关系上。一方面，高校教学受政治的制约。首先，国家通过制定教育方针和教育制度，以及一些有关的政策、法令、规章，把一定阶级或政党的政治准则、要求，贯彻到培养人的各个方面去；其次、高校教学的领导权掌握在统治者手上；再次，政治决定着接受高校教学的权利。另一方面，高校教学为政治服务。表现为通过专门人才的培养来为政治服务。其一，高校教学根据国家所制定的教育方针、教育目的、培养目标，培养具有符合统治阶级意志与政治意识的人才，以维护统治阶级的利益，巩固社会的政治制度；其二，高校教学通过培养各级各类专门人才，促进生产力提高，发展国民经济，增强国力，巩固经济制度；其三，高校教学为国家培养专门的政治、法律人才，为统治阶级的政治直接服务。

历史的经验证明，片面夸大或忽视高校教学的上层建筑属性和阶级性，在指导思想上将导致教育方向出现偏差。

高校教学不仅是劳动生产力再生产的重要手段，而且是促进科学技术发展，提高社会生产力，提升社会文明的重要手段，具有生产力的社会属性。对高校教学的生产力属性的认识，不仅对认识现代高校教学的本质、功能、地位、作用等具有重要的理论意义，而且对高校教学的投入、对发展战略的制定、对高校学校职能的认识以及对教学改革都具有现实的指导意义。

高校教学还包括既不是生产力也不是上层建筑的部分。正如胡乔木所说的“教育现象很复杂”，教育的任务是非常广泛的，差不多与生活一样广阔。生活的全部经验都要靠教育传递下去，作为一个科学定义，教育的定义比历史唯物主义的某些公式包含的内容要广泛得多，不能简单地按照马克思、恩格斯的历史唯物主义的现成公式来解释。马思的历史唯物主义当时主要着眼于社会生活中最本质的东西，而社会生活要比根本的东西宽广得多。而高校教学确实是一种复杂的社会现象。高校教学的本质需要参照教育本质的认识，但简单地从一般教育本质的理解来推演是无法把握其本质属性的。无论是高校教学还是高等学校，都是发展变化的概念和事物，似乎在国际上尚无为人们广泛接受的界定，从根本上来说，对高校教学本质属性理解上的分歧，其原因就在于人们对历史发展中的高校教学认识的差异性及其现实表现的复杂性、多样性。

3. 高校教学的基本特征。高校教学的基本特征是本质属性的表现，基于对其不同研究者的不同认识和理解，对高校教学基本特征和本质属性的把握就有差别。把握了高校教学的基本特征，我们才有可能进一步了解和理解高校教学的本质属性。关于高校教学基本特征的讨论，归纳起来主要有以下四种观点。

第一种观点认为，高校教学是教育的组成部分，因而高校教学的本质服从于教育的本质，是培养高级专门人才的活动。它的基本特点表现在“高”与“专”上。第二种观点认为，高校教学的基本特征不是“专”文化、研究高深学问、造就高级人才的活动。第三种观点认为，高校教学的基本特征仅是“专”，是建立在中等教育基础上的一种专业教育。第四种观点认为，高校教学是“专”“深”“新”的综合，体现在教育目标的“专”，教育内容的“深”，教育方法、手段的“新”。

高校教学属于教育范畴，拥有各类教育共同的基本特征和规律，但是由于高校教学普遍被认为属于高层次的教育，它的对象和任务不同于一般的教育，所以高校教学又有自身的特殊性。这里，我们同意潘懋元先生对高校教学的基本特征的研究表述。

（1）性质任务的特征——高等专门性：高校教学是建立在普通教育（或基础教育）基础上的专业性教育，以培养各种专门人才为目标。它所培养的专门人才，可以直接进入社会各个职业领域从事专门工作。如果把高校教学的起源，追溯到古希腊的“学园”，甚至更早（我国高校教学起源于西汉的“大学”或“稷下学宫”），那么，这类高校教学也是有专业性的。12、13世纪西欧的大学，包括意大利的波隆那大学，法国的巴黎大学和英国的牛津大学、剑桥大学等，一开始就带有一定的专业性。所有中世纪大学的基本目的是专业教育，时代要求大批受过良好教育的人以满足其需求，大学接受了这一任务。法律、医学、神学和艺术都是需要有能力并受过教育的人所从事的专业，大学提供了这些教育。现代高校教学从性质任务来看，更说明了这种高等专门性，无须赘述。

（2）教育对象的特征——身心成熟性：大学生一般是18岁以上的青年，他们的身心发展已趋于成熟，我国全日制普通高等学校本科大学生，大体在20岁左右。研究生、成人高等学校学生，不少已是超过青年期的成人，他们的身心发展更为成熟。

从生理特征来看，大学生的发育已经成熟，主要标志就是性的成熟。骨骼、肌肉、心脏、循环系统与呼吸系统正进行着或已经完成了最后阶段的发展。体力有了明显的增长，特别是神经系统的发展基本上达到完善的程度，能够负担艰难的、深刻的脑力工作，兴奋和抑制过程之间趋于平衡，不像少年期那样易于冲动，但还没有壮年人那样平稳。

从心理特征来看，由于中枢神经活动的大脑皮质的发展，特别是长期以来接受系统思维训练的结果和生活经验的扩大，大学生的感觉和知觉更加趋于深刻和精密，定向注意力能够持续很久，逻辑记忆能力有了较高的发展，善于运用联想，掌握记忆的规律，不喜欢机械地记忆，喜欢根据自己的观察对事物作独立的判断，分析、综合、演绎、归纳的能力已经具备，比中学生更能抓住事物的主要方面与深入事物的本质。由于思维能力的加强，许多大学生喜欢进行抽象问题的思考争辩，诸如事物的本质、空间与时间的无限性、人生哲学等。

从性格特征来看，大学生创造性的想象力和儿童少年一样，仍然是很丰富活泼的，但与现实联系得较好，想象的目的性与随意性加强了，因此，具有较高的社会价值与艺术价值。大学生的幻想，表现为比较明显的对理想的追求，不像儿童少年那样仅有朦胧的远景。大学生的兴趣特点是比较集中与持久的，感情比起少年期、青年早期是较为稳定与深入的，感情与理智有了一定的结合，兴奋与抑制较为平衡，意志比少年期更明确坚定。

（3）教育过程的特征：教育劳动使学生获得发展，不仅使身体（肉体）得以训练，更主要的使附着在不同个体身上的思想和精神（包括观念、情感、态度、价值观等）在个体间传递与流通，它不是物质的简单交换与馈赠，教育主要是培育学生的理性和发展其精神的。可见，教育劳动的过程，更核心与更实质的是思想和精神。

从投入过程来看，教育劳动既有物质和经费的投入，更有信息和精神的投入。物质和经费的投入是一种分割，遵循着“分割原理”。正如一种自然资源采掘出来出售给另一地区，却以它的同量减少为代价。在分割的过程中，物力和财力并不增值，总量一定，份数越多分量越少；投入以后，它才升值，且这种升值的速度是缓慢的。然而，信息与精神的投入，是一种分享，遵循着“分享原理”。在分享的过程中，它是随着主体的增加而总量不断增加的，其投入具有传递效应、增值效应和活化效应。

教育活动领域既有物力与财力的投入，也有信息与精神的投入，还有时间、时机的选择与投入等。因而，这种投入是一种综合的投入，是“硬投入”和“软投入”的有机结合。在教育过程中，精神的投入不但不会被消耗掉，而且会得到更大的增值，创造出新的价值；物质和经费的投入是易耗的，且只是表层的，是思想和精神投入的制约和保障。这种劳动过程和价值的不同，用“造原子弹”和“卖茶叶蛋”来比喻，是比较形象和易于理解的，这也决定了它们之间的劳动形式、成果分享、收入分配原则的不同。高校教学作为教育的高级阶段，加之主体的高等复杂性，是复杂的高级的智力活动。它需要将科学研究引入教学，教师和学生相互交流、相互促进，是一种复杂的精神性创造过程。精神性意味着难以看到，有时不可度量。

以上三大特征说明，高校教学应当有着不同于初等、中等教育的内容、方法和组织形式，而高等学校教师必须充分考虑到这些特征，才能更好地把握作为教育者的职责和要求。高校教学研究工作也有许多特殊问题需要探究，是教育理论工作重要与广阔的园地。对这些特殊性的研究，是整个教育科学工作的一个重要组成部分，但却不是以普通学校教育为对象的普通教育学所能概括和容纳的。

二、高校教学的地位

（一）高校教学的价值

关于什么是价值，历来有多种不同的看法，我国哲学界学者从马克思主义哲学出发，给出如下定义：价值，是反映价值关系实质的哲学概念。在主客体相互关系中，客体是否按照主体的尺度满足主体需要，是否对主体的发展具有肯定的作用。这种作用或关系的表现就成为价值。简而言之，价值就是客体与主体需要之间的一种特定关系。

尽管现代高校教学衍生了新的经济功能，能带来可观的经济效益，满足人类物质生活的需要，具有一定的物质价值。但是，高校教学的主体仍然是传授知识的教育活动与发现知识的科学活动，以此满足个人与社会的精神生活需要。所以，高校教学两个最基本的价值应是其本体价值与社会价值。

1. 高校教学的本体价值。高校教学的本体价值即高校教学的个人价值。高校教学正是在对个体产生作用，满足每个人的求知欲望，帮助实现每一个个人目标的过程和基础上，体现着其他的价值与功能。由于教育是发展人的一种特殊手段，离开了人自身的发展，教育就无从反映和促进社会的发展，教育本身也不会存在。因此，在高校教学价值体系中，最为基础的高校教学的本体价值，是高校教学促进个人发展的价值，它包括以下两个方面。

（1）促进个人发展知识能力的价值：接受高校教学首先意味着个人知识量的增长与知识质的变化。知识量的增长体现在，人们在高校教学环境中，在教育者的指导下，以较少的时间获得人类长期积累起来的大量知识；知识质的变化体现在，接受高校教学之后，个人的知识由原来的普通的、一般的科学文化知识变为以普通科学文化知识为基础的专业科学知识。可以认为，只有同时具备基础知识与专业知识的知识结构才是高层次人才合理的知识结构。高校教学对于个人知识发展的价值不仅在于量，更在于这种合理知识结构的形成。当然，形成合理的知识结构除接受高校教学外，还有其他途径。但是，高校教学毕竟是人类社会迄今为止形成个体合理知识结构的最理想的方式，合理的知识结构的形成对于个人接受新知识、发现新知识具有重要的作用。

接受高校教学还意味着个人智力的迅速发展与能力的不断增长。智力发展与知识增加，特别是与知识结构的形成之间存在着一定的正相关关系。在一般情况下，知识增加、知识结构形成总是促进智力发展的积极因素，这是因为知识是思维活动的内容与工具。

此外，高校教学方法，围绕教育开展的一系列研究和实践活动、高校教师在教学中的许多富于启迪性的思想，等等，都成为促进受教育者个人能力发展的有利因素。

(2) 促进个人提高文明素养的价值：随着人类文明的不断进步，人类的知识水平也在不断提高，而人类知识水平的提高又促进了人类文明不断发展。从现代世界各国的发展状况来看，知识水平的高低与社会的文明程度是成正比的。

在高校教学发展的历史上，有些国家的大学曾经一度甚至以提高个人的文明素养作为大学教育的唯一目标或主要目标。大学的存在也主要是为了满足社会上一部分人文明修养方面的需要，提高个人的文明素养，成为高校教学的主要价值。最典型的事例是英国的牛津大学和剑桥大学。这两所大学在很长时期内都坚持大学的职责是实施通才教育，而不是培养擅长某一专业的知识分子，对大学毕业生来说，“具有教养比具有高深学识更为重要”。

尽管在现代高校教学活动中，有众多新变化融入高校教学，但是它对提高个人文明素养的价值并没有消失。许多国家实施高校教学中的“教养”教育，是通过大学设置的一些课程与一些实践活动加强对大学生的行为指导，提升大学生的文明素质和对社会美德传承的责任感。高校教学在培养大学生文明素质中发挥着很大作用，同时也形成大学自己的校园文化和精神氛围。这种“文化与精神”和社会上其他一些机构的精神文化或社会亚文化相比，最大的特点就是高校教育的求真求实、创造创新、知识文明的体现。

2. 高校教学的社会价值。高校教学的社会价值反映了高校教学客体与社会主体需要之间的关系。我们主要从社会学的角度认识高校教学的社会价值。

(1) 社会化：社会化是个人学习社会文化的过程。一个人从出生起，个体就始终处在社会化之中，人的社会化是一个多层面、多内容、多方向、多阶段的复杂结构。在人生的不同阶段，社会化的特点、内容、方式、功效均有所不同。社会有多种机构执行着社会化的职责，其中，“学校系统显然是最系统化的强有力的影响因素之一”。业内一般普遍认为，教育过程实质上就是人的社会化过程。

社会化的最佳时期是青年期。这是因为，青年时期人的认识水平有了一定的发展，认识水平的高低在相当程度上决定着评价能力与行为走向。青年的自我意识逐渐成熟，在此基础上，开始形成较强的自我意识。在我国，18岁的青年，具有了法律规定的选举权、被选举权等公民的基本权利，可以作为一个“社会人”参与社会活动。对于大学生来说，大学教育是影响个人“社会化”主要的因素。首先，大学是代表社会向大学生施教的教育者，大学生是接受大学教育的学习者；其次，大学教育对大学生社会化的影响是有目的、有计划、有组织的，这种影响不仅体现了社会要求，也反映了大学生身心发展和社会化的客观规律。因此，大学教育作为大学生社会化过程中的主要影响因素，发挥着重要的导向作用。

（2）社会选择：社会是由属于不同阶级或阶层，置身于不同文化背景，具有不同能力、不同愿望的个人所组成的。社会中个人的发展方式、发展程度、发展道路与社会选择有着密切的关系。所谓社会选择，即社会依据一定的规则，给个体提供不同的发展机会，并由此影响个体的发展进度、程度与社会地位。

高校教学担负着为社会培养各种专门人才的任务，高校教学的社会选择对于社会发展具有重要的意义。高校教学的社会选择主要体现在两个环节上，入学前的选择与入学后的选择。两种选择的方式不同，性质有别。入学前的选择，即大学招生，其基本性质是选优，即将具有接受高校教学能力的个人选入高等学校进行培养。入学后选择的性质是汰劣，择优与汰劣相结合，完整地实现高校教学的社会选择价值。

（3）社会流动：指一个人从一种社会地位或阶级向另一种地位或阶级的运动，包括上向、下向和水平运动。在封闭社会中，个人的社会地位具有“先赋”性质，不易改变，社会流动的速率非常缓慢，人们几乎觉察不到。在开放社会中个人的社会地位通过个人自身的努力，可以得到不断的改变，社会流动成为一种重要的社会现象。高校教学是促进社会流动的重要因素之一。

高校教学所促进的社会流动主要是超前性，即下一代所从事的职业与社会地位异于上一代所从事的职业与地位。因此，高校教学赋予个人知识，增强个人能力，提升个人素质。高校教学促进的这种“代际流动”往往具有“上向流动”的性质。

（二）高校教学的主要载体

高校教学的主要载体——大学在社会中处于什么地位，取决于该社会占主导地位的经济形态，取决于这种经济赖以存在和发展的基本资源与生产要素的结构及其特点，取决于知识在其中的地位和作用。

第二节　传统课堂教学的不足

当今网络技术的发展，已经使学生获得知识的渠道发生重大改变，同时学生学习知识和传播知识的方式也在发生改变，但课堂教学改革依然进展缓慢，严重制约了学生能力的培养和高等教育的发展。传统课堂教学中常见的问题，体现在以下四个方面。

第一，教学观念落后，以学生为中心的教育观念未真正落实。重知识传授，轻能力培养的教学观念依旧根深蒂固，教学观念指导并制约着实践，以教师讲授为主，课堂上以教师为中心，难以发展高阶能力，个性化培养滞后，抹杀了学生的质疑能力和创造力。

第二，教学手段单一，师生互动少，学生参与度极低。根据师生互动情况，大学课堂有五重境界：听老师说、简单问答、师生对话、敢于质疑、师生辩论。而当前的高校大部分教学大多还处于第一或第二境界，教学活动中学生参与度极低，难以获得认同感。

第三，教学内容陈旧，不能与时俱进。部分课程教学内容较为陈旧，跟不上时代的发展。现代科学技术发展日新月异，但高校教师大都采用统编教材，编写规范、严谨、稳定性强，作为教学的内容通常是经典的、成熟的、成体系的知识，难以做到与新技术同步。

第四，教师个性与教学特色缺乏，课堂气氛沉闷，学生兴趣不高。部分教师缺乏教学经验，或在长期教学中缺乏经验总结，没有形成一套与课程相适应的教学个性和教学特色，课堂上表情严肃，说话没有幽默感，没有亲和力，没有注重课堂语言的科学性、趣味性和教育性，以至于课堂气氛沉闷。

第三节　以学生为中心的教学内容

一、巴尔和塔格："从教到学"的本科教学范式转换

巴尔和塔格在1995年发表了《从教到学：本科教学新范式》，这篇论文被认为是美国以学生为中心的本科教学改革中里程碑式的论文。该论文将传统的占主导地位的范式称为"传授范式"，认为在这一范式基础上大学创造了复杂的结构，为教学活动提供了主要的教学活动——50分钟的授课，一所大学的使命就是提供教学。传授范式的对立面是学习范式，在学习范式中，大学的使命不是教学，而是让每一个学生都以最好的方式学习。使命和目的的定位不同，导致两种范式在成功的标准、教学结构、学习理论、生产力和资助、角色的性质等方面表现出迥然不同的特点，如表1-1所示。

表1-1　两种教学范式的比较

传授范式	学习范式
使命和目的	
• 提供/传递教学 • 教师向学生传递知识 • 提供课程和教学计划 • 提升教学质量 • 使各类学生获得入学机会	• 生产学习 • 促进学生发现和建构知识 • 创造有效的学习环境 • 提升学习质量 • 使各类学生获得成功
成功的标准	
• 输入、资源 • 生源质量 • 课程开发、扩展 • 资源数量和质量 • 招生和学费的增长 • 教师和教学质量	• 学习和学生的成功 • 毕业生质量 • 学习技术开发和扩展 • 成果数量和质量 • 总体学习增长和效能 • 学生和学习的质量
教学结构	
• 原子式的;部分先于整体 • 时间是常量,学习是变量 • 50分钟的课堂,3学分的课堂 • 课程在相同的时间开始和结束 • 一位教师,一间教室 • 独立学科和系 • 覆盖内容 • 课程终结性评价 • 教师评分 • 私下评价 • 学位等于累积学分	• 整体式的;整体先于部分 • 学习是常量,时间是变量 • 学习环境 • 环境随时服务于学生 • 任何可行的学习经验 • 跨学科/系的合作 • 明确的学习成果 • 课程开设之前/之中/之后评价 • 外部学习评价 • 公共评价 • 学位等于能够证实的知识和技能
学习理论	
• 只是存在于外部 • 知识是由教师一点一滴传授的 • 学习是累积和线性的 • 把知识隐喻为仓库 • 学习是以教师为中心和主导 • 需要有教师和学生在场 • 课堂和学习是竞争性的和个体的 • 人才和能力稀缺	• 只是存在于个人的头脑中,是个人经验塑造的 • 知识是建构和创造的 • 学习是框架的构建和相互作用 • 把知识隐喻为如何骑自行车 • 学习是以学生为中心和主导 • 需要有"主动的"学生在场,教师在场是非必须的 • 学习环境和学习是合作、协作和相互支持的 • 人才和能力充足

续表

传授范式	学习范式
生产力和拨款	
• 生产力的定义:每个学生学习每个课时的教学成本 • 拨款是为了教学	• 生产力的定义:每个学生每个学习单元的成本 • 拨款是为了学习成果
角色的特点	
• 教师主要是授课者 • 教师和学生相互独立 • 教师把学生分类 • 院校员工支持和服务于教师和教学过程 • 任何专家都能教学 • 线性管理;独立运行	• 教师主要是学习方法和环境的设计者 • 教师和学生在团队中一同学习 • 教师培养每个学生的能力和才华 • 所有员工都是为学生创造学习和帮助学生成功的教育者 • 促进学习是具有挑战性的、复杂的 • 共同管理;团队合作

（一）使命和目的

在传授范式中，大学的使命是提供教学，大学的目的是向学生传授知识，提供课程和学位。在巴尔和塔格看来，传授范式是误把手段当作目的，它采用了所谓的“教学”方法，使之成为大学的目的：“说大学的目的是提供教学，就像说通用汽车公司的业务是经营装配线，或者医疗保健的目的是要填满医院的病床一样”。

在学习范式中，大学的使命不是教学，而是创造学习，大学的目的不是传递知识，而是创造学习环境和学习经验，让学生发现和建构知识，使学生成为探索和解决问题的学习共同体的一员。

巴尔和塔格指出，大学在目的上从教到学的转变，带来两种范式不同的结果。第一，在传授范式中，大学关注提供高等教育入学机会，而在学习范式下不但关注入学机会，还关注学生的学业成功，在保持甚至提高学习标准的同时提高学生毕业率；第二，在传授范式中，大学关注教师的福利、科研和学术，在学习范式中则更为关注学生的学习成果；第三，在传授范式中，大学的哲学反映了这样一种信念——如果没有更多的资源，那么它就不能增加学习产出，而在学习范式中大学更关注持续性的学习产出而非教学产出。

（二）成功的标准

巴尔和塔格指出，在传授范式下，人们通过相互比较来判断我们的大学，质量标准是根据对投入和过程的测量来定义的，如招生的选择性、拥有博士学位的教师数量、研究声誉等，它们是评价大学的主要因素。此外，行政人员和董事会也可能考虑招生、收入增长以及课程的拓展等。总之，大学关注的是资源而非学生学习。至于教师评价体系，它评价的是教师的教学表现而非学生的学习表现，通常由同行或院长来评价教师讲课是不是有组织的，是否涵盖了合适的材料，是否显示了对学科的兴趣和理解，是否备课，是否尊重学生的提问和评论等。所有这些因素都是在评价教师的教学表现，而没有考查学生是否在学习，更不必说能够提供学生学习的证据了。

在巴尔和塔格看来，如果我们将学习范式关注结果的评价与传授范式关注输入的评价进行比较，就会发现，实际上结果比输入提供了更为真实的信息。学习成果包括了学生在学习经历中所做的一切。例如，我们可以计算学生写作的页数、读书的数量、用在电脑上的时间或解决数学问题的数量，这些都是实实在在的学习成果的证据，远比教师的“教了什么”和“怎么教”更具体和真实。

（三）教学结构

巴尔和塔格指出，在传授范式中，大学的教学结构是原子式的，“原子”是一堂50分钟的讲授课，而“分子”是一个教师、一间教室和3学分的课程。在此基础上，大学的物理结构、管理结构和师生的时间日程得以建构。在此结构中，教学过程的各部分被视为离散的，大学是在离散的、孤立的环境中与学生进行互动的，大学教育即指学生所经历的一系列离散的、基本无关的、有3学分的课程的总和。教学过程是由固定的时间决定的，据此，学生成长的边界是由时间表而不是由学生学习的标准来定义的。

与传授范式不同，在学习范式中，课程结构和课堂结构都是弹性化的，学期、讲座、实验、课程计划等成为学生的一种选择，而不是被动接受和具有强制性的。在如何组织学习环境和创造学习经验等方面，学习范式支持任何能够提升学生学习成果的学习方法和结构。

（四）学习理论

巴尔和塔格指出，传授范式是从原子式的视角来设计学习的，这种范式中的知识被定义为由教师所传递的内容构成的。教师是中心，学生被视为被动接受知识的“容器”。学习被认为是一个知识累积的过程，当学生接受了一定课时的教学时就被授予学位。

学习范式则是从整体上设计学习，认为学生是教学的中心，学生是他们自己知识的主动发现者和建构者。在学习范式中，知识是由学习者建构的知识框架构成的。知识并不是累积的和线性的，而是如同砖砌的墙，是知识框架的嵌套和相互作用。当这些知识框架被用来理解和行动时，学习就发生了。在学习范式中，学习环境和学习活动是由学生自己控制的。

巴尔和塔格指出，在传授范式下，教师基于智力和能力本就稀缺的想法把学生分类，例如，把学生分成适合上大学的和不适合上大学的。但在学习范式下，教师和大学里的其他所有人员全心投入每个学生获得成功的过程，他们认为人人生来都是天才，是为成功而设计的。如果学生没有展示他们的天赋或者未能成功，那是因为他们的设计功能受到了阻碍。在学习范式中，教师找到了培养每个学生才能的方法，并为每个学生的成功扫除了障碍。

巴尔和塔格还指出，在传授范式下，课堂是竞争性的和个体性的，蕴含于其中的观点是：生活是一个赢、输的命题，成功是个人的成就。但在学习范式中，学习环境尽管具有挑战性，但是是一个充满合作、协作和支持的双赢环境，学习的设计原则是：成就和成功是团队合作和集体努力的结果，即便有时看起来似乎是一个人在工作。

（五）生产力和拨款

巴尔和塔格指出，在传授范式下，大学面临着严重的设计缺陷，即其设计结构导致大学如不降低“产品”质量就不能提高“生产力”。在传授范式中，生产力被定义为每个学生学习每个课时的教学成本。在巴尔和塔格看来，传授范式不仅浪费了高校资源，也浪费了学生的时间和精力，但没能教会他们如何有效地学习。

在学习范式下，生产力被重新定义为每个学生学习每个学习单元的成本。在这一新的定义下，不增加成本也会促进学生的学习成果。巴尔和塔格指出，以新方法替代传统的基于学期和基于课堂的讲授法，能够更好地提升学生的学习成果，其中一些新的替代方法的成本较低，许多方法以同样的成本产生了更多的学习成果。

由学习范式下对生产力的定义可知，提高生产力并不会对教育质量构成威胁。这一新定义要求大学真正地创造学习，否则，就没有“产品”来计入生产力。但“学习单元”的定义是什么，又该如何衡量？对这一问题的回答没有也不需要一个唯一的和永恒的答案。无论如何，学习或者至少是学习成果是可以测量的，这样就可以很好地确定学生正在学习什么，以及大学创造它的过程是否变得更加有效和高效。

巴尔和塔格指出，目前对大学拨款的方法有一个荒谬之处，那就是虽然大学不能完成它的教育使命，但它的学费收益不会受到影响。针对这一问题，巴尔和塔格指出，没有什么比资助学习以及与学习相关的制度成果而非多少个小时的教学更能促进向学习范式的转换。

（六）角色的本质

巴尔和塔格指出，在传授范式中，教师被视为通过讲授来传授知识的学科专家。在学习范式中，教师则被看作是学习环境的设计者，他们研究并应用最好的方法来促进学习并取得成功。如果说传授范式中的教师角色是一个“演员”或“讲台上的圣人”，那么学习范式中的教师则是与团队互动的教练。如果说传授范式的模式是授课，那么学习范式的模式则是设计和参与团队游戏。也就是说，新的教师角色是他不但设计游戏，而且还不断地创造和改进游戏，也就是创造更多、更好的学习。

巴尔和塔格认为，学习范式中的角色开始变得模糊。校园建筑的设计师和其他学校工作人员一样都为学生学习的环境做出贡献。随着高校的角色结构开始松动以及对结果问责制的加强，大学的组织控制结构也将发生变化。随着时间的推移，团队和共同治理将逐步取代传授范式下具有等级性的、竞争激烈的组织里的线性治理和独立工作。在学习范式下，当大学明确学习目标并关注学习技术时，跨学科任务小组和设计团队成为主要的运作模式，例如，教师可以组成一个设计团队来开发学习并使学生积累相关经验，学生通过计算机学习有关内容或特定主题的写作。设计团队成员包括学科专家、信息技术专家、平面设计师和评价专家。同样地，教师也可以组成小组，专门负责检验学生小组的学习成果。

二、美国心理学会：以学生为中心的14条心理学原则

在美国，为解决学生辍学、学业成就低下和各种学校教育失败问题，教育者开始呼吁建立以学生为中心的教学模式，期待通过这种模式关注学生之间的多样性，并利用这种多样性来丰富学习和推动学校改进教学。在1997年，美国心理学会教育事务委员会工作组提出了以学生为中心的14条心理学原则，从元认知和认知、动机和情感、发展和社会以及影响学习者和学习的个体差异等方面考察了现实世界学习情境下作为“整体的人”的学习者的学习，关注学习者内部因素与外部环境的相互作用，关注学习者内在的可以控制的心理因素，关注学习者的积极性和反思性。这14条原则是对以学生为中心的教学的集中阐述，自此以后，以学生为中心的教学这一理念开始广泛地影响教育教学实践。

（一）元认知和认知因素

1. 学习过程的本质。在从信息和经验中建构意义的过程中，对复杂课程内容的学习是最有效的。有不同类型的学习过程，例如，机动车学习过程中的习惯形成。学习涉及知识、认知技能和学习策略等。学校里的学习关注学生在有目的的学习过程中从有关信息、经验、自己的想法和信念中来建构意义。成功的学习者是积极的、目标导向的、自我调节的，他们承担个人的学习责任。

2. 学习过程的目标。在一段时间的学习、外部支持和教学指导下，成功的学习者可以创造有意义的、连贯的知识表征。学习的一个至关重要的本质是学生要以目标为导向。为了建构有用的知识表征，成功地获得终身学习所需的思维和学习策略，学生应制定和追求与个人相关的目标。最初，学生的短期目标和学习可能局限于某一个方面，但随着时间的推移，他们逐渐弥补了差距、解决了矛盾，也深化了对学科内容的理解，而这有助于实现长期目标。教育者可以帮助学习者创造有意义的学习目标，使之既符合个人的期望和兴趣，又符合教育的期望和兴趣。

3. 知识的建构。成功的学习者能够以有意义的方式把新信息与已有知识连接起来。随着学生在新信息与已有知识之间不断地建立联系，知识的深度和广度也得以扩增。这种联系表现为很多形式，例如，增加、修改或重组现有的知识或技能。在不同学科领域，在具有不同兴趣和能力的学生身上，这些联系的建立和发展也有所不同。但不管怎样，如果不能将新知识融入学习者的先前知识和理解之中，那么新知识始终是孤立和隔绝的，不可能在新的任务中得到有效利用，而且不能轻易地迁移到新的情境。教育者可以采取一系列策略（如概念图、主题组织或分类等）来帮助学习者获取和整合知识，这些学习策略已被证明对不同能力的学习者都具有有效性。

4. 策略性思维。成功的学习者能够创建和使用各种思维、推理策略以实现复杂的学习目标；成功的学习者在学习、推理和问题解决中使用战略思维；成功的学习者不但能理解各种策略，而且能通过使用这些策略来实现学习目标，将知识应用于新情境。他们通过反思自己所使用的哪一个方法是有效的，通过接受有指导的教学和反馈，通过观察或与适当的模式进行互动，正在不断地扩大着自己的策略。如果教育者能够协助学习者开发、应用和评价他们的战略学习技能，那么学习者的学习成果会不断地得到强化。

5. 思考思维。选择和监测心理加工过程的高级策略有助于创造性和批判性思维。成功的学习者可以反思他们的思考和学习，设定合理的学习目标，选择适当的学习方法，并监控自己在实现这些目标上所取得的进展。此外，成功的学习者知道在有问题或并未如期取得进展时该怎么办。他们会找到替代方法来实现目标或重新评价目标的适用性和效用。教育者采取一定的教学方法帮助学习者进行反思性学习，能够促进学习者个人承担学习的责任并最终促进学习者的学习。

6.学习背景。学习并不是在真空中发生的，它会受到诸如文化、技术和教学实践等环境因素的影响。文化可以影响到学习者的学习动机、学习定位和思维方式等。技术和教学实践必须适合学习者的先前知识、认知能力及其学习和思维策略。此外，教室环境对学习者的学习也有很大影响。

（二）动机和情感因素

1. 学习动机和情感的影响。学习者学到多少东西受动机的影响。反过来，动机也会受到学习者个人的情感状态、信念、兴趣、目标以及思维习惯的影响。学习者和其对学习本质的信念对动机有着明显的影响。情感因素不但会影响思维品质和信息处理，也会影响个人的学习动机。积极的情绪（如好奇心等）通常会增强学习动机和促进学习。轻度焦虑使学习者的注意力集中在特定任务上，进而促进学习，但强烈的消极情绪（如重度焦虑、恐慌、愤怒和不安全感等）和相关思维（如担心能力不足、害怕失败、惩罚和嘲笑等）通常会减弱学习动机、干扰学习，进而导致学业表现不良。

2. 内在的学习动机。内在的学习动机是由具有一定难度的新任务激发的，它与个人兴趣相关，个人能够加以选择和控制。具有以下特点的任务有助于学习者内在的学习动机的提升：学习者认为任务是有趣的，与个人相关且有意义，其复杂性和难度适合学习者的能力；学习者相信自己能够成功，任务与现实世界联系紧密，任务满足选择和控制的需要。教育者应该从以上任务的特点出发鼓励和支持学习者的学习动机。

3. 动机对努力的影响。获取复杂的知识和技能既需要学习者格外努力，也需要学习者在实践过程中获得指导。如果没有学习者的学习动机，也就不会有这种心甘情愿的付出与努力。努力是学习动机的另一个主要指标。获得复杂的知识和技能需要投入大量的学习精力、努力和坚持。为此，教育工作者需要采取有效策略提升学习者的学习动机，如开展有目的的学习活动以提升学习者的积极情绪和内在的学习动机，想办法让学习者认识到任务是有趣的且与个人相关。

（三）发展与社会因素

1. 发展对学习的影响。个体在发展中有不同的机会和限制。在考虑身体、知识、情感和社会各个方面的不同发展时，学习是最有效的。当材料适合学习者发展水平并以愉悦和有趣的方式呈现时，学习者的学习效果最好。由于个体发展在知识、社会、情感和身体等方面会有不同表现，因此他们在不同教学领域的成绩也会有所不同。过于强调一种发展准备（如阅读准备），可能会妨碍学习者展示出其他方面的能力。个体学习者的认知、情感和社会发展以及他们如何解释生活经历均受到先前教育、家庭、文化和社区等因素的影响。

2. 社会对学习的影响。学习受到社会互动、人际关系和与他人交流的影响。学生在完成学习任务时能够有机会与他人进行互动和合作，他们的学习会得到加强。允许社交互动并尊重多元化的学习环境，能够鼓励灵活思维和社会胜任力。在互动和协作性教学环境中，个人有机会提出观点和进行反思，这将导致高阶认知、社会和道德的发展以及自尊心的提升。提供稳定、信任和高品质的个人关系，有助于增加学习者的归属感、自尊心和自我接受度，也为学习者提供了积极的学习氛围。家庭影响、积极的人际支持和自我激励的指导策略，可以抵消干扰有效学习的因素。例如，对特定科目能力的消极信念、高水平的考试焦虑、消极的性别角色期望以及对好好表现的不适当压力等。积极的学习氛围也有助于建立能导向更为健康的思维、感觉和行为的环境。这样的环境会让学习者感觉到分享想法、积极参与学习过程和创建学习共同体都是安全的。

（四）个体差异

1. 学习的个体差异。学生有不同的学习策略、方法和学习能力，这是先前经验和遗传的功能。学生从一出生就开始培养自己的才能。此外，通过学习，学生对于自己喜欢怎样学习以及以怎样的步调进行学习也形成了自己的偏好。但是，这些偏好在帮助学生达成学习目标上并不总是有用的。教育者需要帮助学生考察他们的学习偏好，甚至在必要之时进行扩展或修改。学生之间的差异与课程和环境条件之间的相互作用，是影响学习成果的另一个关键因素。一般而言，教育者要对个体差异保持敏感，可以采用不同的教学方法和教学材料来照顾和适应学生的个人差异。

2. 学习和多样性。学生在语言、文化和社会等方面的差异受到关注时，学习是最有效的。有关学习、学习动机和有效教学的基本原则同样适用于所有学生。语言、种族、信仰和社会经济地位等都会影响到学习。在教学环境中关注这些因素，更有可能设计和实施适当的学习环境。当学生认为自己在能力、背景、文化和经验等方面的个人差异在学习任务和环境中受到重视、尊重并适应该环境时，其学习动机和成就水平也会得以提升。

3. 标准和评价。设定适当高度和具有挑战性的标准，既评价学生也评价学习过程（包括诊断性评价、过程性评价和结果性评价）是学习过程的内在组成部分。评价为学生和教育者提供了学习过程中各个阶段的重要信息。有效学习发生在学生在实现适当高度目标时所感受到的挑战的那一刻。因此，评价学生的认知优势和劣势以及当前的知识和技能，对于选择最佳难度的教学材料来说是至关重要的。持续评价学生对课程材料的理解，为学生和教育者提供了有关学习目标实现程度的有价值的反馈。对学习进度和学习成果的标准化评价，也提供了个体之间成绩水平的信息。成绩评价也为学习成果的达成提供了其他信息来源。学习进度的自我评价也能够提升学生的自我评价能力、学习动机和自主学习。

综上所述，美国心理学会不但定义了以学生为中心的教学，而且对多年来教育学的研究从元认知和认知因素、情感和动机因素、发展的和社会的因素以及个体差异因素四个方面进行了提炼概括，进而提出了以学生为中心的14条原则。这些原则自成一个有组织的体系，每一条原则都不是孤立的。它们适用于不同学校，学校可以以其作为以学生为中心的教学实践框架，教师可以以其作为基准来测量他们自己与学生互动的方式。以学生为中心的教师运用这些原则意味着：①学生自己决定他们怎样学和学什么，学习如何被评价；②教师尊重和关照学生的个体差异，重视每个学生带到情境中来的有价值的视角；③教师把学生视为不仅是教的过程也是学的过程当中的共同创造者和伙伴。换言之，美国心理学会的原则是真正把教学建立在合作、参与和分担责任的基础之上的。

三、韦默：以学生为中心的教学的五项关键变化

以学生为中心的教学理念在21世纪得到长足发展，值得一提的是美国当代学者韦默对大学课堂教学的长期观察和研究。韦默出版了《以学习者为中心的教学》一书，该书从权力的平衡、内容的功能、教师的角色、学习的责任、评价的过程和目的五个方面探索了以学习者为中心的教学的原则和方法。

（一）权力的平衡

韦默指出，在传统的以教师为中心的教学中，权力、权威和控制权牢牢地或者几乎全部地掌握在教师手中，教师控制着学生学习的全过程，教师决定着课堂内容、教学进度、课堂环境、出勤制度和评价过程等与学生学习有关的重要决定。教师权力、权威和控制的绝对集中，塑造了学生对教师的强烈依赖，也进一步导致学生缺乏有效的学习技能和自主发展意识，表现出更多的学习焦虑、不自信和内在的学习动机的缺失。最终的学习结果可能是，学生虽然完成了学业，但有效学习可能并没有在真正意义上发生。

丰默指出，以学生为中心的教学需要对课堂权力进行再分配，教师需要向学生转移和分享一些能够直接影响他们学习过程的控制权。通过对学生进行赋权，实现教师与学生之间新的权力平衡，让学生获取控制学习过程的经验和能力，以使其更有机会成长为一个成熟的学生。与此同时，有了学生的积极反馈和参与，也会对教师、课堂环境和学校产生积极的影响。

对于如何在权力平衡变化后实施课堂教学，韦默建议教师可以尝试在“课堂活动和作业”“课堂策略”“课堂内容”“评价活动”四个环节中与学生分享权力，让学生更多地参与到对他们学习产生重要影响的决策中来。以作业决策为例，教师可以给学生提供一个作业列表，让学生自主选择自己感兴趣的作业，赋予他们选做的权力。然而，韦默也指出，由于学生的智力、学习技能和自主发展意识是一个连续的过程，因此当教学是以学生为中心时，权力的转移和分享是一个循序渐进的过程，而非非此即彼的命题，应该按学生使用权力能力的比例把权力分配给学生。教师可以在赋予学生权力方面做一些限定，以更好地帮助学生学习如何正确地做出决定。此外，在学生缺乏做决定的经验和能力时，教师应给予指导和帮助。

应该说，学生被赋予学习过程中的重要决策权，是以学生为中心的教学的题中应有之义。目前大多数高校课堂上的教师仍然在某些方面保留着相当大的控制权，这势必要求对权力的平衡和再分配进行一种变革。韦默认为，为了让以学生为中心的教学能够有效实施，教师需要认真思考和探索的问题是：为激发学生有效地学习，需要给予他们多少权力比较恰当？个人和班级能够支配多少决策自由权？教师何时可以放弃一些职业责任？教师如何知道自己什么时候超过了界限？对于这些问题，韦默没有给出具体的答案，他提出教师可以通过与学生分享权力并通过观察学生学习动机和课堂参与度的变化，来逐步寻求这些问题的答案，经历这样可持续的探索，能够帮助教师对以学生为中心的教学有更深层次的理解。

（二）内容的功能

在多数高校课堂中，内容占据绝对重要的地位，是衡量课程教学质量的一个重要标准。人们似乎一致认为，课程内容与课程质量之间存在着强相关——内容越多越好就意味着课程质量越高。这也促使教师更加执着于内容，尽可能多地“覆盖内容”，这成为教师不遗余力的追求。韦默指出，过分注重对内容的覆盖，对教师和学生都会产生消极的影响。一方面，这会使教师被内容束缚，甚至丧失取舍内容的判断力，以至于忽视真正教学目标的实现；另一方面，执着于内容伴生对知识记忆与重复的强调，使学生学习只能停留在浅层学习上，高阶的分析、整合、评价、运用等学习技能并没有机会得到训练。

当今的大学生身处高度信息化的社会之中，他们真正需要的既包括对课程内容的掌握，还包括终身学习能力的有效获取。在此背景下，教师需要做的不仅是“教会”学生知道内容本身，而且要“利用”这些内容去发展学生的终身学习能力。基于此，韦默认为，当教学是以学生为中心时，就需要教师对课程内容的功能以及其与学习的关系的理解做出改变。在她看来，内容的功能的改变包含了两个方面，即建立知识基础和促进学习。在以学生为中心的教学中，内容的功能既作为教学手段，也作为教学目标，也就是说，课程内容成为一种手段，而这种手段使学生的学习成果得到明显提升。

第一，内容不是被“覆盖”而是被“运用”，它是培养学生学习能力的工具。

第二，内容被用来提升学生的自我学习意识，帮助学生意识到自己作为学生的责任，懂得怎么学，并培养自己处理学习任务的能力和自信心。

第三，内容为学生提供了学以致用的知识基础。

韦默指出，一开始，学生的主动学习和内容的融合可能并不顺利，学生在运用内容时可能因技能和经验的不足而以“覆盖”内容告终，这反而导致效率低下。但是，在韦默看来，这种效率的低下只是暂时的，当学生掌握了更加复杂的学习技能时，他们“覆盖”内容和运用内容的能力就会逐步提高。同时，为了避免教师在运用内容促进学生学习时遇到更多的阻碍，韦默强调，教师要注意调整教学心态，不再过分执着地依赖内容，不应只追求对内容的覆盖，还要认识到传授基本技能是大学教师的职责，调整在进行内容选择时只增不减的心态，在条件允许的情况下要适当地进行删减，以便更有效地完成真正的教学目标。

对于内容是如何在不影响课程内容整体性的情况下来完成学习目标、发展学习技能和自我学习意识的，韦默给出了一系列的原则和建议。例如，认识到学生的智力、技能和意识的成熟与发展是一个渐变的过程，所以要渐进性地发展学生的思考技能；重视课堂5分钟，让简短活动成为惯例；聚焦关键目标技能和意识的发展；充分利用“需要知道”和“准备学习”的时机；积极与以学生为中心的教学专家合作等。此外，在以学生为中心的教学中，韦默指出，内容的功能在转变过程中不可避免地会产生一系列值得认真思考和不断探索的问题，例如，需要多少内容？教师如何转变对内容角色的态度？如何对待不同技能水平的学生？教师要如何改变普通的学习活动来适应所教的内容？这些问题的解决既需要教师长期深入的思考和摸索，也需要各方面力量的共同推动。

（三）教师的角色

在传统教学活动中，教师是绝对的主导者——选择和组织内容，解释和应用知识概念，评价学生的学习；学生则主要负责记录知识信息。教师在计划课堂活动时，对教学的关注已经超过对学生学习的关注，所有焦点都放在教师为准备课堂教学应该去做哪些事情上，而不是学生应该去完成哪些任务上。

当教学是以学生为中心时，教学变化的另一个重要方面是教师的角色。在以学生为中心的教学中，教师从讲台上的"圣人"转变为学生身边的指导者。在这种变化中，教师更加关注学生和学生的学习，不再把学生看成等待教师用知识进行"灌输"的"容器"，而是把学生视为探索者，教师陪伴着他们探索知识和技能，只在必要时给予指导。许多教育研究者或者教师也多以"园丁""助产士""向导""教练"等多种比喻来定义和理解以学生为中心的课堂上教师的角色。韦默指出，教师这一角色转变的作用也是显而易见的。当教师的关注点更多集中于学生学习而不是教学时，学生能否学到东西将推动教学的整个过程。教师开始注意到，虽然教师可以给学生提供建议和指导，但是真正能让学生成长还要靠学生自己。

在转换教师角色的过程中，即使大多数教师在理智上接受了这种转换的需要，但很多时候还是会抵触这种转变，仍然扮演课堂控制者的角色。韦默指出，这种转换的困难可能是多种原因导致的，例如，教师已经习惯了传统课堂中的主角光环而轻视作为指导者的角色，或学生与教师之间结成了长期的强依赖关系等。此外，教师不知道如何扮演这一新角色，暂未掌握促进学生学习的复杂技能，也是教师在转换角色时可能面临的客观困难。关于这一点，韦默提出了以下七条原则：①教师应少替学生完成学习任务；②教师少讲，学生多发现；③教师做更多的设计工作；④教师做更多的示范；⑤教师应该给学生创造更多的互相学习、共同学习的机会；⑥教师创造学习氛围；⑦教师做更多的反馈工作。这七条原则的协同使用，有助于打破以教师为中心的局面，使教师真正成为学生有效学习的促进者。

（四）学习的责任

在以学生为中心的教学中，关于权力的平衡、内容的功能和教师的角色，都是针对教与学中教师这一端的讨论，但与此同时，学生这一端也应该做出改变。对于学生来说，他们需要意识到他们的学习行为与学习成果之间存在一种因果联系，他们需要承担起作为独立自主的学习者需要承担的学习责任，以实现智力、学习技能和自我意识培养上的成长。在这一过程中，教师的作用是创造一个支持性的环境来有效地帮助学生承担学习的责任。高校通常采用严格的规章制度和严密的评分体系来促进学生的学习，但很多研究结果表明，这些依靠外部动力的方法并未完全奏效。为了能为学生提供一个可以行动、成长和成熟的空间，韦默提出了一套更能有效激发学生承担学习责任的原则：一是明确教师和学生各自的责任；二是明确学生的行为与逻辑后果有关，让学生体验自己所做的决定和该决定引发的后果；三是教师言行一致，把对学生的期望通过行为传达给学生。采用这三条原则，可以创造一个把学习的责任明确地交到学生手里的环境。

关于如何在课堂上实践这些目标和原则，韦默给出了一些方法和示例。

第一，创造和维持有利于学习的氛围。对此，教师可以考虑在上课的第一天花点时间来讨论课堂氛围，也可以通过大学生课堂环境调查量表收集对班级氛围的反馈，还可以使用“哪三种学生/教师的行为最令你恼火”等一类的问题对学生进行问卷调查，以积极对付侵蚀学习风气的不良行为。

第二，采用使学生成熟和有责任感的做法。例如，给予学生激励和反馈，帮助学生学会面对不理想的考试成绩；布置作业时给予学生清晰的指令，让学生理解并接受作业，明确完成作业后的有益之处；明确学生在小组和班级中的作用和责任；使逻辑后果变得真实可信；赋予学生自己解决问题的能力。总之，在以学生为中心的教学中，教师有责任通过一系列的努力来引导学生向正确的方向前进，让他们独立自主和拥有责任心，并形成有效的良性循环。

（五）评价的过程和目的

当教学转向以学生为中心时，评价也发生了变化。一提到学生的评价，教师通常想到的就是学生的分数。学习被认为是一种自发产生的过程，是教学评价过程的必然结果。韦默对此提出了质疑，在他看来，分数固然是用来衡量学习且与学习无法分开的，但在分数与学习之间的关系上，有三种夸大二者之间关系的观点需要修正：一是认为分数能够精准地衡量学习；二是认为分数是对学习的客观评价；三是认为分数和评价过的作业能促进高质量的学习。她进一步指出，当前高校的评价方式存在两个问题：首先，高校政策、教学活动和日益膨胀的社会利益使我们过分地把评价重点放在分数上，这一倾向产生了危害学习的严重后果；其次，高校政策和教学活动将学生排除在评价过程之外，剥夺了学生发展自我评价和互相评价能力的机会。韦默指出，当教学转向以学生学习为中心时，评价的目的和过程都要有所改观。

在以学生为中心的教学中，课堂学习效果并不能简单地用分数进行评价，更重要的衡量标准是挖掘学生潜能来促进学习。韦默指出，既要利用学生渴望获得分数的动机，又要通过评价活动让学生学习尽可能多的知识，给学生带来丰富的富有改革作用的学习体验，而其中改变的不仅仅是学生学到了什么，而是他们是如何学会的。评价过程要鼓励学生参与，评价可以而且应该被用来促进学生自我评价和相互评价能力的发展，这也是学生学习能力发展的一部分。

四、以学生为中心的教学的核心特征

教学是目标、过程（活动、方法）与评价的统一。一个以学生为中心的教学的核心特征是关注高阶教学目标、关注教师指导与学生自主学习相结合、关注学生合作学习和关注表现性评价。

（一）关注高阶教学目标

教学目标是教学过程中师生预期达到的学习成果和标准。它是课程目标的进一步细化，具有定向学习成果、选择课程与教学内容、指导课程与教学过程的计划与实施以及评价预期成果是否达成等功能。教学目标按照不同的标准有不同的分类与表达。美国学者布鲁姆按认知、情感和动作技能三个领域把教学目标分类，其中，就认知目标而言，他把其由低到高分为六类，即知识、理解、应用、分析、综合和评价。在这六类目标中，知识和理解是低阶教学目标，应用、分析、综合和评价则是高阶教学目标。高阶教学目标其实也就是深度学习成果，深度学习成果意味着学生能够认识到知识之间的联系，理解材料背后的观点和意义，能够做出知识的迁移和应用。

在以教师为中心的传统教学中，教学目标定位于低阶的知识和理解，而高阶的应用、分析、综合和评价等能力目标并没有得到很好的发展。在以学生为中心的教学中，高阶教学目标受到真正的重视。无论是巴尔和塔格提出的“大学的目的不是传递知识，而是促进学生的学习或学习成果”，还是美国心理学会提出的“在学习、推理、问题解决和概念学习中使用战略思维”，抑或韦默所提出的“内容覆盖所导致的高阶的分析、整合、评价、运用等学习技能并没有机会得到训练”，都可以鲜明地看到以学生为中心的教学非常关注高阶教学目标的达成。可以说，高阶教学目标正是以学生为中心的教学的出发点和归宿。

（二）关注教师指导与学生自主学习相结合

教师指导与学生自主学习相结合这一特征或原则充分体现在前面所述的教育理念中，如巴尔和塔格提出“教师主要是学习方法和环境的设计者”，“知识的隐喻不是仓库而是如何骑自行车”；美国心理学会尤其从元认知因素和认知因素提出“成功的学生是积极的、目标导向的、自我调节的，他们承担个人的学习责任”；韦默关于“权力的平衡”“教师的角色”“学习的责任”等方面论述的浓缩主线就是教师指导与学生自主学习相结合。

一方面，在以学生为中心的教学中，教师不是作为知识传播者向学生灌输知识或直接告诉学生问题答案的。教师承担“课程设计者”“指导者”“促进者”“资源提供者”“合作者”等多重角色。教师选择并设计既与教学目标相符又与现实生活相联系的内容和问题，为学生提供必要的学习资源和学习工具，为学生创设一个自由、民主、相互尊重的环境，形成与学生相互合作和相互促进的学习共同体，为学生提供指导，通过适当质疑学生的问题解决策略和行动将专家的思维过程和策略表现出来，并对学生的学业表现给予恰当的评价。

另一方面，以学生为中心的教学的基本内涵意味着学生在学习过程中成为参与者，知识是学生自己建构的，学生对自己的学习负责。具体地，学生需要明确学习目的和学习目标，确定学习内容，制定学习计划和进度，选择学习方法，并时时监控、反馈和调节自己的学习过程，在学习活动后对学习成果进行自我检查、自我总结、自我评价和自我补救。整个学习过程都是一种自主学习的过程，是自我导向、自我激励和自我监控的。从某种意义上说，学生也是他们自己的老师。

（三）关注学生合作学习

以学生为中心的教学的另一个特征是关注学生的合作学习。从教学目标来看，就问题解决或对复杂问题的分析和综合而言，学生采取合作学习的方式往往更为有效。合作学习作为对个人自主学习的一个极为重要的补充，不但使学习不再单调无趣，而且有利于提高学生的交流技能和人际技能。合作学习是指学生以小组形式参与学习，在一定的激励机制下为获得最大化个人和小组学习成果而合作互助的一切相关学习行为。个体学生可以将其在学习过程中探索、发现的信息和学习材料与小组成员共享，在此过程中，学生可以采取对话、讨论、角色扮演、辩论等形式对问题进行充分论证，以期实现学习目标。

学习是共享、合作和支持的过程，教师把学生视为教学过程当中的共同创造者和伙伴，这一理念生动蕴含在巴尔和塔格、美国心理学会、韦默等提出的以学生为中心的教学原则和思想之中，如巴尔和塔格从学习理论维度提出“学习环境是合作的、协作的和支持的”；美国心理学会从社会与发展因素的维度提出学习受到社会互动、人际关系和与他人交流的影响——当学生在完成教学任务时能够有机会与他人进行互动和合作，他们的学习会得到加强。允许社交互动并尊重多元化的学习环境，能够鼓励灵活思维和社会胜任力。在互动和协作性教学环境中，学生有机会提出观点和进行反思，将会使其获得高阶认知和自尊心的提升，使社会和道德得以发展。提供稳定、信任和高品质的个人关系，有助于增加学生的归属感和自我接受度，也为学生提供了积极的学习氛围；韦默则从“教师的角色”这一维度提出“教师应该给学生创造更多的互相学习、共同学习的机会”。无疑，以上这些原则和思想对合作学习提出了强烈需求。

（四）关注表现性评价

表现性评价在20世纪90年代以来逐渐引起人们的关注。表现性评价指的是直接考查学生在一些有价值的认知任务上的表现。表现性评价是任务驱动的，其核心在于通过提供给学生生活中或与现实情境相似的真实性任务，学生充分运用相关知识、技能以及策略来解决尚未清晰化的现实问题，通过自己的创造性活动展现其综合解决问题的能力。表现性评价给予了学生更为充分的机会来展示自己的理解、思考和问题解决技能，更能显示学生运用已有知识解决复杂的开放性任务的水平，而不是像传统考试那样更多涉及学生已有知识的再认、回忆或套用。

五、以学生为中心的教学的价值研究

（一）以学生为中心的教学与“深度学习与浅层学习”

关于什么是学习，一项研究指出，学习应被视为人在真实世界里的所见、所体验、所理解和所概念化的质的飞跃和变化，它并非个人所拥有的知识量的变化。深度学习能够帮助学生实现教育最广泛和最重要的目标。

那么什么是深度学习呢？在回答此问题之前我们先来理解这样一项研究：让学生阅读一份节选的学术性材料，然后让他们描述他们读到了什么。结果发现，学生在阅读结果上存在显著差异。这差异并不在于学生记住了多少，而在于学生理解了多少材料所传递的意义。一些学生能够完全理解观点和证据，一些学生能够部分理解材料当中的信息，一些学生则仅能提及所记住的部分细节。当学生专注于记忆事实和孤立的要素却不能在信息和证据之间做出区分时，可以说他们的学习是停留于浅层学习的，而当学生关注材料所传达的意义，把新信息与自己已知和已经历的联系起来，把内容加以组织和结构化之时，可以说他们的学习已进入深度学习。

以学生为中心的教学是否促进了学生的深度学习？有研究者在20世纪90年代开发了一个教学量表，用以确定一个教师的教学是以教师为中心还是以学生为中心。其研究结果表明，信息传递和以教师为中心的教学取向与浅层学习方法有显著正相关，观念的变化与深度学习则有显著正相关。他进一步把深度学习视为以学生为中心的教学，当教师报告他们把学生视为活动的中心时，对教师来说更为重要的是学生在做什么、学什么，而不是教师在教什么和覆盖多少内容；当教师在激励自主学习和激发辩论时，这样的教学更可能是一种深度学习。

（二）以学生为中心的教学与“主动学习”

主动学习之于以学生为中心的教学，犹如面包之于黄油。格林伍德教育词典给出的主动学习的定义是：主动学习即让学生参与学习活动的过程，包括反思自己的观点、学习如何运用这些观点等。例如，要求学生定期评价自己理解概念和解决问题的能力，通过参与获得知识，这是一个学生通过活动（如收集信息、思考和解决问题等）全身心积极投入于学习的过程。

（三）以学生为中心的教学与“记忆”

有关记忆机制和认知负荷的相关研究也支持以学生为中心的教学。记忆有感觉记忆、短时记忆（或工作记忆）和长时记忆三种形式。感觉记忆指感觉器先短暂存储来自环境的刺激，直至其被处理；短时记忆指输入信息得到进一步处理和理解；长期记忆指信息被永久储存，在未来可以随时提取。当短时记忆转变为长时记忆时，学习就可以说是在真正意义上发生了。短时记忆的存储能力有限，一旦占满就不能处理任何信息，直至又腾出新的空间。如果让学生在短时间里处理过多的信息，则会导致学生的认知负荷量增加。如果学生并没有被给予恰当的时间来处理短时记忆空间里的信息并将之转入长时记忆存储区域，那么新的信息就会覆盖处于短时记忆空间里的信息。以学生为中心的教学强调主动学习、练习和反思，把大块信息打散，鼓励学生通过讨论、合作和练习等消化新信息，这有利于减少学生的认知负荷，进而把新学习的材料转化成长时记忆。此外，通过运用所学到的东西，也进一步巩固了在长时记忆区所存储的材料。

（四）以学生为中心的教学与“脑神经科学”

来自神经影像和生物化学的发现为考察人在学习时大脑里发生了什么提供了可能。以学生为中心的教学关注学生学习的主动参与，这与大脑是通过经验而生长和发展的这一工作原理是一致的。大脑在人的一生中是随着经验而不断变化和重新组织的，尽管脑神经的数量并没有随着时间的变化而变化，但人的发展的确影响了大脑的整体增长。原因在于，神经之间是会进行交流和互动的，它们通过神经突起来为神经之间的信息传递提供路径。神经之间的连接遵循“用进废退”的原则，只有活跃的神经细胞之间的连接才能得以增强和保存。成人脑尤其是大脑皮质区域是能够经由练习和经验而发生很大变化的。大脑各个部分之间的神经突起是能够被经验塑造的。

有时也被称为情感脑的大脑边缘系统与其他很多区域连接（其中大部分是大脑新皮质的额叶）。大脑新皮质额叶的部分作用就是组织大脑活动、记录信息的输入并确认信息的优先次序。换句话说，额叶帮助大脑从时刻涌入的大量信息中挑选什么是值得注意和关注的，帮助人们专注于重要的事情。为了做到这一点，额叶需要来自大脑边缘系统的输入。可以说，大脑边缘系统为未来信息增加了情感色彩，这影响我们如何感知信息。大脑边缘系统与额叶之间的连接为以下理念提供了支撑，即学习的促进在某种程度上是源于对内容的情感投入。实践性活动对学习的促进发生在大脑额叶（思维）与大脑边缘系统（感觉）处于交流状态之际。通过对材料的情感投入，使大脑边缘系统活跃起来，这是引发学习专注的有效途径。

此外，在生物化学层面考察大脑变化也是富有启示意义的。有大量的化学物质，如神经递质、肽类和荷尔蒙，不断地在体内循环，正是通过这些物质的分配和运动，信息得以从一个神经元传递到另一个神经元。研究结果表明，情感驱动注意，注意驱动情感。在这一意义上，奖励和激励学生，帮助他们对自己和所学习的内容有好的感觉，会进一步激励大脑的情感中心，既提升动机，也促进好的学习成果。

随着学习经验的发展，大脑的不同部分都参与进来。负责短期记忆的区域是大脑海马体，而长期记忆的存储还需要大脑皮层的参与。一旦记忆被永久储存在被称为皮层下的区域，更表层的新皮质区域就被释放出来以处理更新的输入。尤其是在大脑皮层区域，越是复杂的认知能力越需要大脑的更多参与，练习活动则加强了这些不同区域之间的联系。

第二章 以学生为中心的教学理论

第一节 理论溯源

一、杜威的经验性学习理论

杜威是美国哲学家、教育家和实用主义集大成者。杜威在哲学上秉持实用主义认识论，把人视为自然界的组成部分，个人和社会、身和心、知和行不是分离而是相赖相依的。他认为思维起源于疑难，人们不是为了思维而思维、为了真理而真理，真理和生活的需要是分不开的，探求真理不能脱离实践经验。在这种实用主义认识论视野下，他提出“教育即生活、生长和经验改造”“学校即社会”“从做中学”“儿童中心”等基本观点。

（一）教育即生活、生长和经验改造

杜威对教育中的灌输式教学和被动吸收式的学习进行了深刻批判，他指出教育并不是一件告知和被告知的事情，而是一个主动的和建设性的过程，这个原理几乎在理论上无人不承认，而在实践中又无人不违反。这种可悲的情境，难道不是由于原理本身仅仅是听人讲讲的事吗？为改革传统的静听教育，把儿童从书本背诵中解放出来，杜威提出了新的教育理论。什么是教育？杜威提出，教育即生活、生长和经验改造。生长是生活的特征，生活就是生长，而生长是一个过程，是持续不断地组织、改造和形成经验的过程。经验是什么呢？他认为，经验是有机体与环境相互作用的统

一的连续体。教育既是经验生长的条件，也是经验生长的结果。在探讨教育目的时，杜威反对教育的外加、强制和固定呆板的目的，认为这些目的指向遥远的未来，并不直接和现在的活动发生联系。他提出，教育的目的并不在于其本身以外，最接近一个无所不包的教育目的是生长本身的原则，教育真正的目的是发展学生不断积累经验的能力。

（二）学校即社会

杜威认为，教育上的许多方面的失败，是由于它忽视了把学校作为社会生活的一种形式这一基本原则："现代教育把学校当作一个传授某些知识、学习某些课业或养成某些习惯的场所。这些东西的价值被认为多半要取决于遥远的未来，儿童之所以必须做这些事情，是为了他将来要做某些别的事情，这些事情只是预备而已。结果是，它们并不能成为儿童的生活经验的一部分，因而并不真正具有教育作用。"为了真正实施教育即生活、生长和经验改造这一新颖的教育理论，杜威提出的方案是：学校即社会。在杜威看来，学校是一种社会组织、一种社会生活的形式，即把现实的社会生活简化并缩小到一个雏形的状态。如果以参加现实生活为媒介，让儿童在活动中学习，那么儿童不但兴致盎然，而且能够活学活用。

（三）从做中学

杜威批评传统教育只传授与儿童生活无关的科目，他认为，"学校科目相互联系的真正中心，不是科学，不是文学，不是历史，不是地理，而是儿童本身的社会活动。"活动把思维和教学连接起来。在杜威看来，如果没有思维就不可能产生有意义的经验，学习就是要学会思维。思维起源于困惑、迷乱和怀疑。他把思维过程分为五步，即暗示、问题、假设、推理和检验。与此相适应，教学也有五个阶段：第一，学生要有一个真实的有经验的情境；第二，在这个情境内部产生一个真实的问题，作为思维的刺激物；第三，占有知识资料，从事必要的观察；第四，有条不紊地展开学生想出的解决问题的方法；第五，学生要有机会和需要通过应用检验他的观念，使这些观念意义明确，并且让他们自己发现它们是否有效。所以，学校教学不是直截了当地注入知识，而是应从儿童的现实生活出发，从现实生活中提供可以引起思维的情境，诱导儿童在活动中得到经验和知识。这便是杜威的“从做中学”，也就是从经验中学习，从活动中学习。

（三）儿童中心

关于儿童和教师的角色与定位的讨论，杜威表述了“儿童中心”的坚定立场。杜威在其早期教育著作《学校与社会》中指出：“旧教育的几个主要特点（也许说得有些夸张）：消极地对待儿童，机械地使儿童集合在一起；课程和教学的划一。概括地说，重心是在儿童以外。重心在教师，在教科书以及在你所喜欢的任何地方和一切地方，唯独不在儿童自己的直接的本能和活动。在那个基础上，儿童的生活就说不上了。关于儿童的学习，可以谈得很多，但学校不是儿童生活的地方。现在我们的教育中正在发生的一种变革是重心的转移。这是一种变革、一场革命、一场和哥白尼把天体的中心从地球转到太阳一样的革命。在这种情况下，儿童变成了太阳，教育的各种措施围绕着这个中心旋转，儿童是中心，教育的各种措施围绕着他们而组织起来”。杜威认为，在学校生活中，学生是起点、中心，也是目的。学校和教育工作者都必须以儿童为出发点。但同时，杜威也强调“儿童中心”并不意味着教师的教育教学就应该采取“放手”的政策，对儿童完全放任自流、采取放任的态度恰恰是教师的不负责任。教育过程是儿童与教师共同参与的过程，也是双方真正合作的过程。教师拥有儿童不可比拟的、更成熟的、丰富的经验和知识，不仅有权而且有责任为儿童提供其成长所必需的、适当的机会和挑战，认真观察儿童的成长状态并给予有效的引导。

综上所述，杜威对教育和学校的本质、教学和儿童等进行了深入的探讨和研究，以学生为中心的教学理念正是源于此。杜威的思想影响了后来的各派学习理论，无论是行为主义学派、认知学派还是人本主义学派。如果说杜威是致力于推动教育和学校的变革，那么，心理学家则更为具体地考察人是如何学习的。受到杜威“儿童中心”思想的影响，人本主义心理学家罗杰斯在20世纪中叶明确提出了“以学生为中心”的教学思想。

二、斯金纳的程序教学理论

斯金纳是美国心理学家，他在20世纪五六十年代提出程序教学（也称为机器教学）。程序教学是行为主义心理学在教学上最具代表性的应用，行为主义心理学是20世纪美国心理学的显学，其共同特点是从行为的角度观照人的心理，试图找到人的行为的本质及其变化规律以有效控制行为。行为主义心理学把刺激—反应作为行为的基本单位，认为学习即刺激—反应之间连接的增强，教学的艺术在于如何设计和利用强化学习。

（一）操作性条件作用

斯金纳的程序教学以操作性条件反应和强化原理作为理论基础。斯金纳认为，行为并不是简单的刺激与反应之间的连接，在复杂的世界中人并不是总在被动地等待刺激，而是积极地操作环境，并在这一过程中不断地改变自身的行为方式。斯金纳把由已知刺激所引起的反应行为称为应答性行为，把有机体发出的反应称为操作性行为。操作性行为是一种人对环境的有意识的积极操纵，一种包含了操作性行为的学习过程即为操作性条件作用，人正是在对环境实施操作的过程中习得了特定方式的行为。

在斯金纳看来，人们可以安排各种各样的反应结果，以决定和预测有机体的行为，教学目标就是对学生学习结果在个体行为上的变化的一种预期。斯金纳认为，学生的反应是受行为结果影响的，若要学生做出合乎需要的行为反应，则必须形成某种相倚关系，即在行为后有一个强化性的后果；倘若一种行为得不到强化，那么它就会消失。这里涉及的一个重要概念是强化。强化就是在一个反应之后呈现强化物的做法，而所谓强化物就是那种能使它所跟随的反应的发生频率增加的刺激或事件。

斯金纳操作性条件作用的基本原理可以概括为：一个伴随着强化物的反应将会被增强，进而更有可能再次出现。换言之，受到强化的反应的频率可能增加，而这种频率的增加（一种行为的改变）意味着学习正在发生。操作性条件作用的重要条件有三个：一是强化物必须在反应之后出现；二是在理想情况下，强化物应紧随反应之后呈现；三是强化物必须与反应相倚，即强化物最好只在个体出现积极反应时才给予。

（二）程序教学

在斯金纳看来，程序教学的设计既是为了保证学生在学习中把错误率减少到最低限度，又要合理地设计教材，使每个问题（即每一小步）都能体现教材的逻辑价值。斯金纳的程序教学流程如图 2-1 所示。

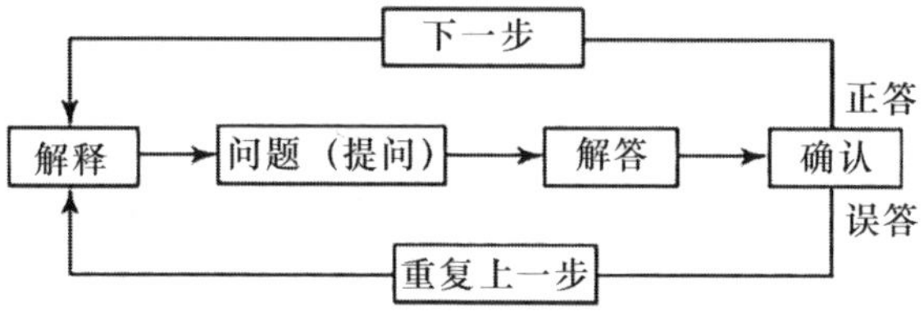

图2-1　斯金纳的程序教学流程

在这一流程中，教师把材料分成一系列连续的小步子，每步一个问题，整个系列由浅入深地进行安排。具体而言，程序教学的设计和实施，一般要遵循以下五个原则。

1. 积极反应原则。程序教学要求学生始终进行各种学习活动，学习结果不断得到强化，如此使学生始终处于一种积极反应和主动学习的状态。

2. 小步子原则。程序教学所呈示的教材通常是被分解成一步一步的，而且每一步之间难度的增加也是非常小的。学生在完成了前一步并得到“肯定行”的反馈之后，才能进入下一步内容的学习，这有助于学生学习积极性和学习信心的增强以及知识的巩固。

3. 即时强化原则。程序教学特别强调即时强化或反馈，即在学生做出反应之后，应使学生立即知道其反应是否正确。即时强化有助于知识保持和巩固，也有助于增强学生的学习信心。

4．自定步调原则。程序教学是一种个别化的教学，不追求统一进度，而是鼓励每个学生按照适合自己的学习速度、学习能力和学习习惯来自定学习步调和稳步向前迈进。

5．低错误率原则。这一原则要求程序教材的编写要尽量减少学生出现错误反应的可能性。无错误或少错误的教学有利于提高学习效率，增强积极性、动机和记忆。

斯金纳的程序教学理论催生出美国20世纪五六十年代的程序教学运动，并影响了世界教学改革运动。斯金纳的程序教学理论重视教学个别化，强调小步子、积极反应和自定步调，有利于学习的掌握、巩固和强化，对信息技术时代的教学尤其富有启示意义。

三、布鲁纳的结构课程与发现学习理论

布鲁纳是美国心理学家，他强调围绕各门学科的基本结构重新组织学校教材和教学方法。他提出，发现学习是使学生掌握学科基本结构的良好方法。

（一）学科的基本结构

布鲁纳认为，每个学科都有其内在的基本结构，学科的基本结构包括基本概念、基本原理以及它们之间的关系，而学习的结构就是学习事物是怎样关联的。他认为，应当使结构成为教学的中心，不论我们选择什么学科，务必使学生理解该学科的基本结构，因为学生学到的观念越是基本，几乎归结为定义，这些观念对新问题的适用性就越宽广。在布鲁纳看来，学生学习学科的基本结构具有以下四个方面的意义：第一，知道一门学科的基本结构或逻辑组织，有助于理解这门学科；第二，了解学科的基本概念和基本原理，有助于把学习内容迁移到其他情境中去；第三，将教材组织成一定的结构形式，有助于记忆具体细节的知识；第四，给予学生适当

的学习经验和对结构合适的陈述，即便是儿童也能学习高级知识，从而缩小高级知识与初级知识之间的差距。

（二）动机原则、结构原则、序列原则和强化原则

布鲁纳提出，教学的目的就是要帮助学生的智慧或认知发展，主要是培养学生的操作技能、观察技能、想象技能以及符号运算技能，而教师的任务在于把知识转化为一种适应正在发展着的学生的某种心智形式。为此，他提出了相应的四条教学原则——动机原则、结构原则、序列原则和强化原则，即教学应考虑适应学生的心理倾向，知识结构与学生的认知结构相匹配，按最佳顺序呈现知识材料，让学生适时知道自己学习的结果，并进行适当的强化。

（三）发现学习

布鲁纳认为，学习包括三个几乎同时发生的过程——习得、转换和评价，学生不是被动的知识接受者，而是积极的信息加工者，教师的角色在于塑造可让学生自己学习的情境，而不是提供预先准备齐全的知识。基于这样的学习理念，布鲁纳提倡使用发现学习的方法，鼓励学生通过自己发现概念和原则的方式进行学习，关注学生学习的主动性和探究性，关注教师教学的启发性和引导性。他指出，我们讲授某门课程并不是为了形成有关该课程的小型百科全书，而是让学生自己去思考……像历史学家那样去考虑问题，去参与获得知识的过程。理解是一种过程，而不是一种结果。在布鲁纳看来，发现并不限于那种寻求人类尚未知晓的事物的行为，正确地说，发现包括用自己的头脑亲自获得知识的一切形式。

布鲁纳认为，发现学习具有以下四个方面的价值：①一切真知都是学生自己发现的，发现行为因而成为教育追求的目标；②发现学习中充满了尝试、猜想和顿悟，这些都有助于直觉思维能力的发展；③发现行为有助于引起学生学习的内部动机和自信心；④从信息检索的角度来看，记忆过

程也是一个解决问题的过程，即发现的过程，因此，发现行为也有助于记忆的保持。

布鲁纳指出，发现学习遵循以下步骤：①提出使学生感兴趣的问题，或让学生在疑问中提出自己的问题；②将确定的问题分解为几个具体的小问题，提出解决问题的各种假设和答案；③协助学生搜集和组织相关资料；④组织学生审查这些资料，从中得出应有的结论；⑤引导学生进行分析，证实结论，最后使问题得到解决。

布鲁纳所倡导的发现学习法其实是一种探究式的教学方法，即依据教师和教材所提供的材料，由教师引导学生围绕问题，去研究、探索和发现相应的原理和结论。教师是学生学习的促进者和辅助者，为学生提供探究的机会，为学生提供一定的材料。

综上所述，布鲁纳将认知、发展和教育三者加以统一，将教学思想建立在心理学研究的基础之上，提出了学科基本结构的学习和掌握，重视学习动机，提倡发现学习，给教育教学带来诸多启示和助益。布鲁纳的“发现学习”理论是当代以学生为中心的教学思潮中不可忽视的理论基石。

四、罗杰斯的人本主义学习理论

罗杰斯是美国心理学家，人本主义心理学的主要代表。20世纪60年代以来，人本主义作为心理学的第三势力开始在美国崛起。人本主义学习理论反对把人还原和分割为各种要素，主张研究整体的人，认为每个人都具有自我发展和自我实现的潜能和动力，它从追求自我实现的角度来解释学习，强调学习者的自我参与、自我激励、自我评价和自我批判。罗杰斯在培养完整的人这一教育目标指导下，提倡有意义学习、自由学习和非指导性教学。

（一）教育的目标是培养完整的人

罗杰斯认为，教育的目标是培养完整的人，这样的人具有自我实现的潜能和动力。所谓自我实现，实际上就是指人的创造能力和与此息息相关的应变能力的形成。罗杰斯在《患者为中心的治疗中》对于学校要培养的人有如下描述：①能从事自发的活动，并对这种活动负责的人；②能理智地选择和自定方向的人；③是批判性的学习者，能评价他人所做贡献的人；④获得有关解决问题的知识的人；⑤能灵活、理智地适应新的问题情景的人；⑥在自由地和创造性地运用有关经验时，能灵活地处理问题的人；⑦能在各种活动中有效地与他人合作的人；⑧不是为他人的赞许，而是按照自己的社会化目标而工作的人。可以看出，罗杰斯眼中的完整的人是情感和认知得到均衡发展的人，自我实现和创造性等是完整的人的重要品质。

（二）有意义学习

罗杰斯把学习分为无意义学习和有意义学习。

无意义学习（如记忆无意义的音节）只与心智有关，没有情感或个人意义的参与，与完整的人无关，有意义学习则是使个体的知识、行为、态度、个性等发生重大变化的学习。

有意义学习主要包括四个要素：第一，学习具有责任参与的性质，即整个人（包括情感和认知）都投入学习活动；第二，学习是自我发起的，即使学习的推动力或刺激来自外部，但要求发现、获得、掌握和领会的感觉是来自内部的；第三，学习是渗透性的，也就是说，它会使学生的行为、态度乃至个性都发生变化；第四，学习是自我评价式的，因为学生最清楚这种学习是否满足自己的需要，是否有助于他获取他想要知道的东西，是否明了自己原来不甚清楚的某些方面。

在罗杰斯看来，人生来就对世界万物充满好奇心，都具有学习的潜能。只要条件合适，每个人所拥有的学习、发现、丰富知识和经验的潜能就能被释放出来，尤其是，当学习者意识或觉察到所学的内容与其自身目标相契合时，有意义学习便随之发生。

罗杰斯对有意义学习原则论述的一个核心是，要让学生“自由学习”。

为构建学生自由学习的途径，罗杰斯认为可以从以下几个方面加以尝试：①设定对学生具有真实意义的问题；②提供学习资源；③将情感或心理运动的目标纳入学习目标的设定之中；④打造教学连续体，使师生成为共同的学习者；⑤使用合约，激发学生的责任感；⑥利用社区学习资源；⑦通过项目学习；⑧同伴教学；⑨分组学习；⑩诱发学生的探究之心；⑪自我评价等多种方法的综合尝试。

（三）非指导性教学

罗杰斯把心理咨询的方法移植到教学中来，为形成并促进学生学习的环境构建了一种非指导性教学模式。这种教学过程的操作程序可以概括为：创设情境→确定学习目标→提供资源→探索问题→见解的形成和整合。

在教学过程中，教师作为促进者的作用表现为以下四个方面：一是帮助学生澄清自己想要学习什么；二是帮助学生安排适宜的学习活动和材料；三是帮助学生发现他们所学东西的个人意义；四是维持某种促进学习过程的心理气氛。

显而易见，罗杰斯把学生放在了教学的中心。他指出，教师和学生之间和谐的人际关系对促进学生者有意义的学习影响重大。他认为，如果我们关注学生的促进——学生怎样学习、为什么学习以及什么时候学习，学生从内心如何看待学习，学生的学习感受是什么——那么我们可能会走上一条更顺利的路……能够促进有效学习的态度是可描述的。其中，最终的态度就是促进者的透明的真实性……当这种真实性包含对学生的信任、关怀和尊重时，促进学习的氛围就会得到进一步提升……真正自由的氛围、自发学习和成长的驱动力便出现了。

总之，为培养完整的人，罗杰斯积极倡导以学生为中心的教学模式，并认为这种模式的关键在于使学习具有个人意义。他关注学习过程中学生的情感体验和人际关系，试图把认知和情感合二为一。他主张废除传统意义上的教师作为知识拥有者、权力拥有者的中心角色，强调教师的主要任务既不是教授学生知识，也不是教学生怎样学，而是要为学生提供学习手段，由学生自己决定如何学。由此，教师在学生学习过程中成为促进者，致力于为学生创造和谐、安全、宽松的学习环境，让学生在整个学习过程中感到安全和自信，从而充分发挥自我潜能，走向自我实现。

第二节　建构主义理论基础

建构主义是认知主义学习理论的进一步发展。建构主义奠定了以学生为中心的教学的坚实理论基础，为当代以学生为中心的教学改革提供了非常重要的理论和方法上的借鉴，对当代教育教学产生了重大影响。

一、建构主义先驱皮亚杰的认知发展理论

皮亚杰是瑞士心理学家，他提出了发生认识论，认为儿童认知发展的过程是儿童在与周围环境相互作用的过程中逐步建构起关于外部世界的知识，从而使自身认知结构得到发展的过程。图式、同化、顺应和平衡是皮亚杰的发生认识理论体系中最为核心的几个概念。儿童通过对新信息的不断同化、顺应、平衡等认知过程来增加或调整已有图式，以完成对知识的主动建构，推动认知的不断发展。

（一）图式

皮亚杰发生认识论的一个核心概念是图式，它是指个体对世界的知觉、理解和思考的方式。图式可以很小、很专门化，也可以很大、很一般化。在任何特定时间可以使用的大量图式构成了个体的认知结构，决定了个体与环境交互的方式。换句话说，个体是通过图式来探索周围世界并与之互动的，其所能运用的图式将决定个体在面对外部环境时做出何种反应。随着思维过程越来越有条理和新图式不断地建立，个体的行为也变得更加复

杂和更能适应环境。图式的形成和变化是认知发展的实质。皮亚杰认为，在这一过程中认知发展主要受同化、顺应和平衡三种基本过程的影响。

（二）同化与顺应

同化是指人们试图利用已有图式将新知识纳入原有知识体系来理解事物的过程。它意指新事物与认知结构之间的一种匹配，是影响个体认知发展的重要过程。顺应是人们为了适应新情境以致必须改变原有图式的过程。在个体与周围环境交互过程中，如果新信息与个体任何已有图式无法匹配，就必须产生新的更加合适的图式。当已有图式有效时，人们就会利用已有图式来适应环境（同化）；当需要新知识时，人们就会调整已有图式或增加新的图式来适应环境（顺应）。对于认知发展而言，认知是认知图式顺应于外物和外物同化于认知图式的对立统一过程。

（三）平衡

平衡是指个体通过自我调节机制使认知发展从一个平衡状态向另一个较高的平衡状态过渡的过程。皮亚杰认为，所有有机体都具有在自身与环境之间形成和谐关系的先天趋向。儿童在认知发展的过程中，不可避免地会遇到已有的图式不能应对眼前问题的困境，产生一种失衡状态。为解决失衡状态带来的焦虑，儿童自然趋向于通过同化、顺应等诸多方式搜索解决办法，直到达到一种新的平衡。根据皮亚杰的观点，学习依赖于平衡的过程，只有出现不平衡时，儿童才有机会成长和发展，最终儿童表现出具有质的不同的新的思维方式，并提升到一个新的发展阶段。皮亚杰认为，亲身体验以及对环境的操纵是产生发展性变化的关键所在，但同时他也认为同伴间的相互作用，尤其是争论和讨论有助于理清思维和使其更加合乎逻辑。

综上所述，皮亚杰把认知发展过程视为儿童通过亲身经历和与环境的相互作用而主动建构意义系统和对现实的理解的过程，认为个体的自我建构在整个认知发展过程中具有极其核心的作用。皮亚杰的理论对心理学的发展有重大影响，其理论成为个人建构主义思想的直接来源，也为以学生为中心的教学理念奠定了重要的理论基础。

二、建构主义先驱维果茨基的认知发展理论（社会文化观）

维果茨基是苏联心理学家、教育家，社会文化理论的创始人，也被称为社会建构主义之父。与皮亚杰的发生认识论不同，维果茨基关于人类认知发展的讨论带有很强的社会文化取向。维果茨基认为，人类活动是在一定的文化环境中发生的，我们不能脱离这些文化环境去理解人类的活动。个体特有的心理结构和思维过程来自个体与他人的社会互动，这些互动不只影响到认知发展，事实上正是它们创造了个体的认知结构和思维过程。

（一）个体思维的社会源泉

维果茨基认为，儿童认知发展过程中存在低级心理机能和高级心理机能两类。低级心理机能以生物学为基础，只涉及个体对环境的基本学习和反应，如寻找食物、辨别食物等，是任何物种都拥有的机能。高级心理机能则是人类所特有的、有意的、聚焦性的认知过程。在儿童认知发展的过程中，所有的高级心理机能都两次登台：第一次是作为集体活动、社会活动，即作为心理间的机能；第二次是作为个体活动，作为儿童的内部思维方式，作为内部心理机能。可以说，高级心理机能得以发展的关键就在于个体与社会共同体的互动。通过社会互动，儿童逐渐把自己的思维方式与周围他人对世界理解和解释的方式融合，并开始使用词语、概念、符号和策略等文化象征，促成知识的共同建构、自我的不断成长与发展。此外，维果茨基认为，最有效的社会互动是发生在儿童与更善于思考、思维水平更高的成人或同伴的互动过程之中的，而非发生在认知水平相似的同伴之间。

维果茨基关于个体发展的社会起源的阐述，明确表明在意义的生成与创造中，社会共同体有着至关重要的作用。儿童认知能力、看待世界方式的差异正是其所处“小范围”特定交流的情境以及“大范围”文化体系等不同因素交织影响的结果。文化是个体思维的社会源泉，决定了儿童能学习哪些以及该如何学习等一系列问题。个体在与社会共同体的互动中不断发展，既被他所在的社会和文化所创造，同时也在创造着他所在的社会和文化。

（二）文化工具与认知发展

文化工具是维果茨基理论体系中的重要概念，是儿童理解和学习周围世界的重要组成部分，更是高级心理机能发展的重要中介。维果茨基常以“符号系统”对此进行描述。他认为，儿童在使用符号、象征和解释交流的过程中，逐渐建立起“文化工具箱”。此文化工具箱中的工具众多，不仅包括诸如纸、笔等具有物理形态的物质工具，还包括智力活动中所需的概念、文字系统、策略系统等无任何物理形态的心理工具。通过这些工具（尤其是心理工具），个体可以搭建起内部与外部、社会和个体的连接，促进知识的共同建构和外部知识结构的内化。对于儿童而言，儿童可以“借用”这些历史遗留下来的文化产物，将其在新的生活环境中加以理解和使用。当然，维果茨基也指出，儿童不只是接受从别人那里传递来的工具，他们在建构自己的表征、符号、模式和理解的同时也在改造着工具。在这些认知工具中，维果茨基认为语言是儿童文化工具箱中最为重要的符号系统，正是语言帮助其他工具进入其文化工具箱。

（三）最近发展区理论

维果茨基认为，儿童的认知发展存在两种水平：第一种是“现有发展水平”，表现为儿童能够独立解决的智力任务；第二种是“最近发展区”，指的是个体潜在发展水平，通常表现为儿童还不能独立解决的任务，但在成人或更有能力同伴的帮助下能够完成的任务。也就是说，最近发展区的任务是儿童尚未学会但在某个时候能够学会的任务。维果茨基指出，相较于儿童的现有发展水平，最近发展区在推动儿童智力发展和学习成绩的变化方面有更为直接的意义。现有发展水平有助于我们了解儿童发展的昨天，最近发展区则帮助我们预测儿童发展的未来。最近发展区对于教学的启示是：教学的本质特征是教学造成了最近发展区，也就是说，教学引起了、唤醒了、启发了一系列内部过程。唯有把握好最近发展区，教学才能事半功倍。

综上所述，作为社会文化理论的创始者，维果茨基高度重视社会文化和历史对儿童认知发展的重要作用，认为一切都应从历史的、社会文化及相互联系中加以理解。他关注个体与社会在知识建构中具有相互依赖的特性，因此，他既像皮亚杰一样考察儿童凭借自身解决各种任务的行为，又特别考察儿童在他人帮助下完成各种任务的行为。

三、建构主义的分类及其基本观点

建构主义不是一种具体的哲学流派，而是当今许多哲学思潮的共同主张。众多建构主义者在吸收前人理论观点的基础上，结合后结构主义、解释学、批判理论等哲学思潮和最新的认知心理学研究成果，形成了各有侧重的建构主义流派。尽管建构主义范式和流派纷呈，但多数建构主义者在两个核心观点上达成了一致：学生能够主动建构他们自己的知识，社会互动在知识建构过程中起至关重要的作用。为进一步理解形形色色的建构主义性质，可以从“外部输入—内部生成”“个体—社会”两个连续体出发，将建构主义大致划分为个人建构主义、社会建构主义、激进建构主义和温和建构主义四类。

（一）建构主义的分类

1. 个人建构主义与社会建构主义。个人建构主义来源于皮亚杰的研究。它从个体的角度对学习和认知进行深度探究，关注个体对意义的理解，强调个体自我的认知建构。这一观点将学习描述为：具有一定认知结构的个人，能动地与外部环境交互作用，从而变革并建构认知结构的过程。学习的过程就是认知的重组过程。这种个人建构主义将注意力集中于个人的同时，并不否认社会交互作用的重要性，但不可否认的是，个体建构主义对于个体知识建构的关注大于对交互作用的关注。

社会建构主义源于维果茨基的研究，特别是受到其社会文化观和最近发展区理论的影响。它并不像个人建构主义那样认为知识的生成只是单纯个体的内部事件，而是强调社会互动、文化工具和合作对塑造个体学习和发展的关键意义。在社会建构主义者看来，认知活动主要是在社会共同体中展开的，并借助语言和基于语言的相互沟通来维持。

2. 激进建构主义与温和建构主义。激进建构主义是个人建构主义发展的一种极端形式。它对传统的本体论和认识论问题采取彻底否定的态度，认为人的心灵在知识形成过程中处于绝对支配地位，而外部世界没有任何独立性。在激进建构主义者看来，这个世界根本不存在事实或真理，只存在个体的观念和信念。我们每个人都从自己的经验中建构意义，但是，我们没有办法理解或知晓他人的现实。

相较于激进建构主义，一些建构主义者既承认人的心灵的建构作用，也承认知识具有客观性和可靠性的一面，这类建构主义观点被统称为温和建构主义。

（二）建构主义学习理论的基本观点

具体而言，建构主义学习理论的基本观点体现为其独树一帜的知识观、学生观和教学观。

1. 知识观。在知识观上，建构主义学习理论对知识的客观性和确定性提出了质疑，认为知识不是对现实的准确表征和对问题的最终答案，它只是一种解释和假设，它会随着人类认识的进步而不断地被更新、推翻或取代。

2. 学生观。在学生观上，建构主义学习理论强调学生经验世界的丰富性和差异性，强调学生的巨大潜能。当学生进入学习情境时并非一张白纸，每一个学生都有着不同的知识和经验。教学不能一味地从外部输入知识，而是要把学生已有的知识和经验作为新知识和新经验的生长点。

3．教学观。在教学观上，建构主义学习理论强调以学生为中心，认为学习在本质上是学生在一定情境下通过协作活动而实现的意义建构过程。在整个教学过程中，教师起组织者、指导者、帮助者和促进者的作用，利用情境、协作、会话等学习环境要素充分发挥学生的主动性和积极性，最终达到学生的意义建构目的。

可以看出，建构主义学习理论倡导的是以学生为中心的教学。学生不是被动等待接受的容器，也不是知识的档案柜，而是一个积极寻求意义的知识的建构者和创造者。学生是通过自己的经验或他人对问题的理解来协商和共同建构意义的。

虽然没有一个统一的建构主义学习理论，但很多建构主义学习理论流派都认为学习应该具备以下五个条件：第一，复杂且具有挑战性的学习环境和真实任务；第二，社会协商和合作建构；第三，对同一内容的多种表征形式；第四，理解知识是建构而来的；第五，学生是学习的主体。

四、建构主义教学模式

（一）抛锚式教学

抛锚式教学要求教学建立在有感染力的真实事件或真实问题的基础上。确定这类真实事件或问题被形象地比喻为“抛锚”，因为这类事件或问题一旦被确定，整个教学内容和教学进程也就被确定了（就像轮船被锚固定一样）。由于抛锚式教学要以真实事例或问题为基础（作为“锚”），所以此教学法有时也被称为“实例式教学”或“基于问题的教学”。

1．创设情境。根据学生的发展需求，提供与真实情况基本一致或类似的情境。

2．确定问题。基于创设的情境，确定与当前学习主题密切相关的真实性事件或问题。

3. 自主学习。确定学习内容、获取和利用有关信息与资料等。

4. 协作学习。学生通过小组讨论与交流，进一步深化理解。

5. 效果评价。评价寓于过程之中，融入学习活动之中。

（二）支架式教学

支架式教学是通过提供支架（概念框架）来开展教学的一种模式，它基于维果茨基的“最近发展区”理论。最近发展区表明的是学生独立解决问题时的实际发展水平与教师指导下解决问题时的潜在发展水平之间的距离。而两个水平之间的状态是由教学决定的，即教学可以创造最近发展区，教学不应消极地适应学生智力发展的已有水平，而应走在发展的前面。提供支架意味着在课程的开始阶段教师要给学生更多的概念框架，然后逐渐地将责任转移给学生，让学生自己进行活动。

1. 搭建脚手架。围绕当前学习主题，根据学生“最近发展区”建立概念框架。

2. 进入支架。呈现一定的问题情境，由此将学生引入概念框架之中的某个节点。

3. 独立探索。让学生独立探索与给定概念相关的各种属性，并将各种属性按照一定的顺序排列。在探索的过程中，教师的引导作用由多到少、从有到无，直至放手让学生独立探索。

4. 合作学习。进行小组协商和讨论，实现对所学知识的意义建构。

5. 效果评价。包括自我评价与小组评价，评价自主学习能力、对小组协作学习所做贡献、是否完成对所学知识的意义建构。

（三）随机进入式教学

随机进入式教学的基本思想源于建构主义的新分支“弹性认知理论”。弹性认知理论的代表人物斯皮罗等认为，人的认知随情境的不同而表现出极大的灵活性、复杂性和差异性。不仅不同的主体对同样的对象会建构出不同的意义，即使同一个主体在不同的情境中也会对同样的对象建构出不同的意义。所以，同样的知识在不同的情境中会产生不同的意义，不存在绝对普遍适用的知识。正是由于事物的复杂性和问题的多面性，学生要对所学知识做到全面而深刻的建构是十分困难的。从不同的角度出发，学生往往能有不同的理解。基于此，随机进入式教学主张对同一教学内容在不同时间、不同情境，基于不同目的，着眼于不同方面，用不同方式多次加以呈现，以使学生对同一内容或问题进行多方面探索和理解，获得多种意义的建构。

1．呈现基本情境。向学生呈现与当前学习主题相关的情境。

2．随机进入学习。向学生呈现与当前所学内容不同侧面的特性相关联的情境，引导学生自主学习。

3．思维发展训练。提高学生对自己的认知过程和结果的反省意识水平，意识到自己在问题解决过程中所运用的认知策略的优劣，帮助学生建立思维模型，培养学生的发散思维能力。

4．小组协作学习。围绕通过不同情境获得的认识、建构的意义展开小组讨论。

5．学习效果评价。其包括自我评价与小组评价，评价自主学习能力、对小组协作学习所做贡献、是否完成对所学知识的意义建构。

（四）认知学徒制

认知学徒制是指将传统学徒制方法中的核心技术与学校教育相结合，以培养学生的高阶思维以及解决问题和处理复杂任务的能力。认知学徒制建立在社会文化理论的基础之上，关注学习的社会方面并将不同的社会实践视为知识的来源。在认知学徒制中，学生通过参与专家实践共同体的活动和社会交互，通过观察和模仿，主动进行某一领域的学习，有助于克服传统学徒制中专家思维不可视和学校教育中所授知识脱离实际情境的缺点。

1．认知学徒制注重构成学习环境的四个维度。

（1）内容：指专家技能需要的知识类型（领域知识、启发式策略、控制策略、学习策略）。

（2）方法：指促进专家技能发展的方法（示范、辅导、脚手架、表达、反思、探索）。

（3）顺序：指安排学习活动顺序的关键（逐渐增加复杂性、逐渐增加多样性、全局技能优先于局部技能）。

（4）社会性：指学习环境的社会特性（情境化学习、实践共同体、内部动机、合作）。

在学习环境设计中，将以上四个维度有效组合在一起作为设计认知学徒制环境的四项基本原则，可以使传统学徒制的特征适应学校教育中有关认知技能的教学，从而创建一个适合不同课堂和师生角色的有效学习环境（详见表2-1）。在现代社会，随着信息技术的进一步发展，如果将学徒制方法中的核心技术（建模、训练、搭建脚手架等）置于功能强大的计算机之中，那么这种新的认知学徒制将在实现理论与实践的结合，在改造传统学校的物质设施、组织形式、教学方法、评价标准等方面，尤其是在消融传统学校与社会各行各业的界限方面，掀起一场真正意义上的新世纪学习的革命与教育的革命。

表2-1　设计认知学徒制环境的原则

内容	专家技能需要的知识类型
	领域知识——学科具体的概念、事实和程序
	启发式策略——完成任务所需的一般应用技术
	控制策略——指导解决过程的一般方法
	学习策略——如何学习新概念、事实和程序的知识
方法	促进专家技能发展的方法
	示范——教师执行一项任务以便学生可以观察
	辅导——当学生执行任务时教师观察并提供帮助
	脚手架——教师提供支持来帮助学生执行任务

续表

方法	表达——教师鼓励学生表达自己的想法
	反思——教师使学生能够比较彼此的行为表现
	探索——教师建议学生提出自己的问题并解决这些问题
顺序	安排学习活动顺序的关键
	增加复杂性——逐渐增加有意义的任务的难度
	增加多样性——在多种情境中实践,以此强调广阔的应用范围
	全局到局部技能——在执行局部任务前将整个任务概念化
社会性	学习环境的社会特征
	情境化学习——学生在实现任务的情境中学习
	实践共同体——交流用于完成有意义任务的不同方法
	内部动机——学生建立个人目标来寻求技能和解决方法
	合作——学生们一起完成他们的目标

综上所述，在建构主义学习理论看来，学习是一个意义建构的过程，是学生通过新旧经验相互作用来形成、丰富和调整自己的经验结构的过程，教学就是要引导学生从原有的经验出发，建构起新的经验。

2. 认知学徒式教学模式的基本环节。

（1）示范：由老师示范解决问题或完成任务的过程，让学生观察并建构解决问题所需的观念模型。

（2）指导：学生根据老师的示范开始实践，老师从中提供支持与帮助。

（3）消退：老师逐渐减少对学生的支持和帮助，直至学生能够独立解决问题，以此来增强学生的自我效能感。

（4）练习：让学生独立解决问题以强化和巩固所学，并在练习中反思学习效果并最终构建内部认知模型。

所有这些教学方法都关注情境学习，为学生创造一个特定的情境，鼓励学生在学习的过程中构建自己的知识和意义，而不是被动学习和接受知识，老师在其中是促进者和引导者而不再是知识教授者和灌输者，学生和教师的角色发生根本性改变（表2–2）。随着新角色的确立，师生关系也有了新的变化。首先，教师放弃了传统的权威角色，师生之间处于平等的地位；其次，师生间确立新的互动关系，既强调教师的引导作用，也尊重学生的主体作用；最后，形成互动对话过程，师生之间通过互动实现知识与情感的交换，实现共同成长与发展。

表2-2　以学生为中心教学中学生和教师的角色转型

学生角色转型的指向		教师角色转型的指向	
传统角色	新角色	传统角色	新角色
被动的只是接受者，学习是复制的、接受的、复诵的、竞争的和指令的	1.主动的学习者 开展思维活动，创建/呈现知识表征，并与他人交流	知识传授者与灌输者，权威的化身	1.指导者 从“教”转变为“导”，引导、指导、辅导和教导
	2.建构的学习者 通过同化或顺应新观念，真正理解所学内容；利用知识建构/信息获取等工具，形成知识的个性化理解		2.帮促者 通过各种方法，帮助学生构建当前所学知识的意义
	3.协作的学习者 构建学习共同体，在团体中共同学习和工作，在互相学习中实现知识共享，达成社会协商		3.信息咨询者 提供相关教学资源，支持学生主动探索和建构所学知识的意义
	4.意图的学习者 设立明晰的学习目标或确定学习重点，自主自觉地追求学习成就，朝着既定的认知目标不懈地努力		4.团队协作者 促进沟通、交流，实现跨区域、机构、学科和个体间协作
	5.交流的学习者 通过各种交流方式与周边的人群进行对话与沟通，共同提升		5.学术顾问 诊断/满足学生的学业需求，促进有效学习和学生个性化发展
	6.情境的学习者 通过各种学习方式，建构情境特定的图示解决问题，完成学习任务		6.研究者 超越教书匠的角色，体现教师工作的创造性
	7.反思的学习者 通过认知工具，阐释自己所学或掌握的内容，反思学习过程和决策过程，实现内部协商，制定和实施调控攻略		7.学习者 不断接受新知识和技能，与时俱进，自我完善

（五）将以学生为中心的理念从课堂延伸至课外

在传统的以教师为中心的体系中，课堂教学是人才培养的核心组成部分，是实现人才培养目标的重要途径。有效的课堂教学帮助学生建立坚实的知识基础，并借此以构建完整的知识体系。然而，学生仅通过学习强化知识体系是不够的，还需要在能力和素养方面得到全面提升，这很难通过课堂完全做到。而素养的提升需要依赖课外的行动。因而，高阶人才培养目标的实现仅靠课堂教学是远远不够的，还需要其他育人环节的相互配合。对于以学生为中心的育人模式而言更应如此，不仅要将以学生为中心的理念在课堂内传播，还应将其贯彻在课内课外人才培养的每个环节，使各个环节实现有机结合，从而构建完整的育人体系，推动高阶培养目标的顺利达成。

目前，大多数对以学生为中心的讨论主要关注学生的课内学习，而忽略了大学课外活动在育人中的作用，高校的改革也多从课程改革开始，几乎看不到课内课外联动促进育人的改革案例。例如，亚利桑那大学几位研究者研究了大学的信息系统和信息库在育人中的角色，他们就“战略规划、现有服务、高新设备、部门合作、人员配置、课程学习、挑战、政策以及评估系统”等的作用做了案例研究，提出这些要素可以从课外活动的角度培养积极的学习方法。此外，Seifert，Arnold，Burrow&Brown 和 Seifert 从国家层面和国际层面上对“学生事务和服务”进行了研究，发现不同的学生事务部门之间的隔阂阻碍了学校的育人目标的达成。此外，很多其他的支持部门，例如，行政管理部门一直被认为是与学生不相关的，但事实上这些部门的工作深深根植于机构的运作过程中，因此对学生的培养有重要的影响。如若研究者和实践者仅仅着眼于那些与学生课堂密切相关的领域，要建成以学生为中心的育人体系是不可能的。

所以，要全面构建以学生为中心的育人体系，应将以学生为中心的教学原则贯穿于课内、课外的每个育人环节之中，推动育人目标的有效达成。

也就是说，全校所有的部门和所有人，都应该把学生的健康成长作为其工作的核心目标。例如，除了传统的课堂教学环节和支持课堂教学的教师与院系级教务部门外，支撑课外活动的学生工作部门，也应该是直接的育人部门，应该把学生的能力和素养的提升作为其工作的核心目标。因为以学生为中心的建构主义理念中，特别强调情境、社会性活动以及与人合作的重要性，这些理念在课外活动中体现得更为直接。此外，从大学的高层管理团队到各职能部门，例如，国际合作与交流处、财务处、人事处、图书馆、后勤中心等部门，都应该把学生的健康成长作为工作核心目标，这才是当下以学生为中心的大学育人理念的核心内涵。

因此，高校应该促进课外活动和课堂教学之间的有效衔接与配合，从而实现课内和课外有机统一，以构建一个完整的以学生为中心的高校育人体系，确保每一个部门和每个人都参与其中，这正是国家提出的“三全育人”的核心理念。

五、建构主义与其他哲学流派的对比

20世纪80年代末，欧美国家的大学经历了一次大规模的以学生为中心的课堂变革，致力于在大学课堂教学中更加重视学生互动和体验。我国当前大学改革中提倡的以学生为中心，大多来自这些欧美国家的实践。

以学生为中心的学习关注学生应该学习什么以及应该如何学习。对这两个问题的理解涉及哲学层面上的本体论和认识论。本体论是关于存在的研究，而认识论是关于知识的理论。本体论关心的是“存在的本质是什么”，而认识论则试图找出什么可以被认定为合法的知识。不同的本体论立场甚至会持有完全相反的关于自然存在的观点（表2–3）。例如，现实主义主张现实不依赖于意识而存在。也就是说，所有的自然和社会现象及意义，都是独立于意识而存在的。客观主义，通常被称为经验主义，与现实主义有很大关联，都主张知识来源于感知经验。通过客观观察外在世界，知识可以通过人类感知产生。客观主义主张“事物”拥有内在意义。正如布莱

基指出：一棵树就是一棵树，不管谁观察它，也不管是否有人观察它。人类意识对一棵树的理解并不存在任何影响。因此，不同的观察者面对一棵树都会获得相同的意义。

表2-3　不同的教育哲学流派对比

流派	本体论:现实的本质	认识论:何为知识
流派一	现实主义:现实独立于意识而存在	客观主义:知识来源于感知体验
流派二	理想主义:现实是由人类创造或建构的	建构主义:将知识看作是非客观的,内部建构的,社会媒介和文化媒介的

六、进一步的讨论

以学生为中心的教学这一术语在20世纪90年代开始为研究者使用，当前以学生为中心的教学实践建立在历史的基础之上。

以学生为中心的教学可以追溯到20世纪早期杜威的作品，例如，杜威在1916年所著的《民主主义与教育》中就蕴含了以学生为中心的教学之基本要素。有研究者指出，当杜威与其追随者在探索改革学校里学生和教师之间的互动方式时，他们就为后来被称为以学生为中心的教学播撒下火种。杜威认为，学习不是知识的传递，而是一种积极的体验，真正学习的发生要关注学生的需要、兴趣和经验，学生应被视为参与者而不是观众，教师是推动学习过程的促进者，教师开发和设计项目，学生主动参与其中。在一定意义上，建构主义学习理论源于杜威的教育思想，如问题导向或基于问题的学习，通过合作性探究达成知识和意义建构或理解，这在杜威的思想中都有鲜明的体现。

以学生为中心的教学理念在20世纪20—80年代所产生的主要学习理论流派中都能寻觅到踪迹，这些主要学习理论对以学生为中心的教学理念做出了重要的理论贡献。

行为主义学习理论是三大学习理论中最早产生的理论，可以追溯到巴甫洛夫、桑代克、华生和斯金纳等人的研究。行为主义学习理论在一定程度上试图对人类学习行为进行更为科学的研究。行为主义学习理论在教学中的典型应用当属斯金纳的程序教学理论。斯金纳毕生致力于在理论研究和学校课堂教学之间建立关联。斯金纳关于主动参与、及时反馈、强化、小步子、自定步调、个别化教学的研究尤其具有影响力，这些方面正是以学生为中心的教学的基本要素。此外，如果追根溯源，那么当代的计算机辅助教学和在线学习也直接建立在行为主义学习理论尤其是斯金纳的程序教学的理论基础之上。

再看认知主义学习理论。行为主义学习理论关注试误和可观察的行为的强化，这在认知主义学派看来未免狭隘。认知学派认为，有时在实践中并未有试误发生时也一样发生了行为上的变化，例如，顿悟，即在解决问题时学习者突然体悟到了解决方案，这是行为主义所无法解释的。认知心理学认为学习与模式或结构有关，学习发生在认知冲突当中，即当情境或经验与个人的世界观或心理结构或模式产生冲突时，学习就发生了，因为认识冲突创造了紧张，学生必须想办法努力建立新的心理结构。皮亚杰是早期认知心理学家中最有影响力之一的心理学家，他关注随时间和成熟而发生的思维的改变，后来的心理学家则更为关注心理模式或结构是如何发展和变化的，如建构主义心理学家关注学生自己通过与环境之间的互动而主动建构心理结构。建构主义学派极大影响了教育，促进了参与式学习或主动学习理念的发展，继而进一步为以学生为中心的教学奠定了基础。建构主义学习理论也促进了学习的社会互动，合作学习的思想即起源于建构主义先驱维果茨基。由此可见，认知/建构主义学习理论为以学生为中心的基本教学原则（如合作、参与、责任等）奠定了基础。

人本主义学习理论吸收和综合了行为主义学习理论和认知主义学习理论的观点，但又从一个不同的视角即情感的视角来看待学习。以罗杰斯为代表的人本主义学习理论关注教学中整体的人的重要性，关注动机、情感、安全、友好和支持性学习环境的创造，相信只要给予学生适当的机会和支持，每一个学生都能得到最好的发展。合作而不是竞争受到鼓励，每一个声音都值得学习倾听和尊重，为自己的学习承担责任构成人本主义学习理论的主要特点。一言以蔽之，人本主义学习理论对以学生为中心的教学贡献是关注合作学习和共享责任。

综上所述，无论是杜威的教学理论还是行为主义学习理论、认知/建构主义学习理论和人本主义三大理论，它们有着自己不同的视角和来源，也有着不同的思想内涵。例如，有研究指出，行为主义学习理论、认知/建构主义学习理论和人本主义三大理论的内涵大体概括为做、思考和感受。但是，仔细审视它们的基本思想，可以发现，它们在支撑以学生为中心的教学主要成分上具有共同的特点：合作、参与和责任，如表2–4所示。

表2-4　理论与实践的结合：谁说了什么

原则	杜威	行为主义者	认知/建构主义者	人本主义者
主动参与	√	√	√	√
正强化		√	√	√
反馈	√	√	√	√
自定步调		√	√	√
掌握		√	√	
模式化		√	√	
发现学习			√	
教师作为促进者	√		√	√
适切/个人意义	√		√	√
新知建立在已有知识基础上	√	√	√	√
合作学习	√		√	√
自我效能/对学习者能力的信念				√
个人责任				√
元认知			√	√
反思			√	√

第一，关于合作。以学生为中心的教学整合了合作学习方法、小组工作以及学习共同体的创建，这在认知/建构主义学习理论和人本主义学习理

论中都可以觅其踪迹。在认知/建构主义学习理论看来，知识并不是在真空中建构的，心理模式固然是由每一个人自己建立的，但每个人观点的有效性需要在共同体中加以检验。而人本主义理论则主张，人是在共同体中工作的，知识可以从人们对事物和问题的多种视角的理解中生发出来。

第二，关于参与。行为主义学习理论、认知/建构主义学习理论和人本主义三大理论都支持主动参与的理念，尽管主动参与的理由稍有不同。在行为主义看来，学生需要主动参与情境的试误，以便他们能够偶然发现问题的最好解决方案，给教师提供及时反馈和强化这种正确反应的机会。认知/建构主义学习理论和人本主义学习理论都期望学习者不仅主动参与到材料中去，而且能够参与到社会性学习中去。

第三，关于责任。以学生为中心关注学生对自己的学习承担更多的责任，这一特征得到认知/建构主义学习理论和人本主义学习理论的支持，二者都赞同小组合作学习意味着学习的某种共享的责任。

第三节　大数据时代“00后”大学生的群体性特点分析

一、“00”后大学生的群体特征分析

（一）个体意识强烈

思想意识趋于个性化是“00后”大学生的一大特点。首先，“00后”大学生成长于一个提倡开放、独立和自由的时代，具有较强的独立性和自主性；其次，大多数“00后”大学生家庭经济条件优渥，受物质条件制约较少，更注重个体的情感表达和价值体现。从社会发展环境来看，“00后”的发展空间越来越大，个体的可塑性越来越强，与此同时，他们面临的对于个人能力和知识储备的挑战也越来越大。因此，他们在潜意识中往往会

更加注重个人意识表达的效果，思考如何保护自己的个人权益，努力实现个性化的价值追求。

（二）网络行为多样

“00后”大学生被称为“数字土著”，很早就广泛接触互联网信息，从思维方式到娱乐方式都属于“互联网的一代”。一方面，“00后”大学生的网络行为较以往更加多样化。“00后”使用互联网追星、打游戏、交友、自拍、看动漫、看综艺、读书等（排名按照选择比例由高到低），但他们的行为选择及活动频率表现出重娱乐而轻学习、对网络高度依赖等特征。另一方面，“00后”大学生身处信息爆炸的时代，兴趣转移很快，视阈狭窄、角度陈旧的内容难以吸引他们的注意力，而具有独特视角、创新风格的关键意见领袖所发表的内容更容易引起他们的关注和思考。“00后”大学生对于意见领袖群体的向往和对网络阵地话语权的追求，促使其在各个平台汲取相关知识，以期运用移动互联网以个性化的方式表达观点，带动和引领他人产生情感共鸣和价值认同。

（三）处世态度趋于理性

以“00后”大学生中的追星现象为例，他们不再仅仅用“英俊”“帅气”“美艳”来形容自己的“爱豆”（即偶像），而更喜欢用“成熟”“有才”“敬业”等词作为偶像的标签。这从一个层面折射出“00后”大学生对明星的崇拜，更倾向于通过挖掘他们身上的才艺和品格，找到“戳中”自己的某一点，即找到情感和价值的认同。此外，“00后”大学生的家庭收入更高，他们除了有更高的消费力，还有更大的财务自主权，“00后”大学生认为“温暖的家庭与知心好友”是未来生活中必不可少的部分，大大超过了对收入的期待。虽然“00后”大学生的消费水平较高，但他们倾向于理性地进行消费升级。

（四）学生具备务实思想

“00后”高校学生是互联网时代的“原住民”，现代化信息技术赋予他们独具一格的互联网思维，新生代高校学生虽然同样身处媒体互联网潮流，却依然坚持本心，脚踏实地，具有极强的务实精神与创造精神。在日常行为上，“00后”学生更加追求时尚，勇于创新，会结合自身习惯及个人喜好进行创造。在展现自我价值过程中，他们获取成功需要积极奋斗，更加富有务实精神。

二、“00后”大学生教学面临的挑战

（一）精致利己主义者增多

一方面，“00后”大学生的群体特征展现出他们的理性和务实，但可能由于与“80后”“90后”的成长背景不同，很多“00后”大学生把成功定义为个人价值的实现，而不再将国家与社会发展放在首位；另一方面，“00后”大学生中精致利己主义者增多。这种精致利己主义者在理性认知上表现为高智商、高情商，善于发现并把握机遇，擅长分析与利用规则，往往能够抓住规则中的漏洞来达成自己的目的，并且善于在领导、长辈面前伪装自己，刻意表现出抗压、坚持、负责、认真等优秀品质，在工作和学习中往往表现出前后行为的矛盾性（如入党前后的行为不一致、考评前后的行为不一致等）。精致利己主义者通过这些方式达到目的后就会一再地进行重复，甚至成为身边青年效仿的榜样，造成群体性的价值观扭曲。

（二）易受情绪影响，需求多变

相较于传统媒体，新媒体、自媒体善于在听觉、视觉上给受众带来冲击和煽动公众情绪，而“00后”大学生很容易受到情绪的影响，与其报道的内容产生共情，从而影响他们对物质和精神生活的需求和向往。同时，“00后”大学生的需求呈现出碎片化、易变的特点。许多“00后”大学生

更倾向于追求符合个人品位的东西，并在较小范围内建立交际圈。“00后”大学生一般不会对新奇事物持续投入太多精力，而善于在日常生活中寻求新的惊喜，需求较为多变。如何适应“00后”大学生的碎片化、易变的需求特点是思想政治教育亟待解决的问题。

（三）时间焦虑强烈，渴望超越角色期待的阶层跃迁

焦虑是现代青年学生在生活压力下的一种普遍感受。现代生活在给人们带来自由和发展的同时，也会给年轻人带来巨大焦虑和压力。与此同时，现代媒体趋向于将工作、年龄、报酬等关注度极高的标签与代际关系捆绑呈现（如“‘90’后已经开始养生了，你还在等吗？”“‘80’后已经放弃相亲……”），将公众对于时间的焦虑塑造成一切焦虑的根源性问题，显现出青年因时间焦虑陷入群体恐慌的图景。“00后”大学生涉世未深，且伴随着深刻的社会变革成长，面对这种将自己与“90后”“80后”列入同一比较体系的行为容易产生焦虑感，对“成功”的定义趋于单一化。在媒体不遗余力地宣传之下，“00后”大学生越来越多地接触“买房”“创业”“职场厚黑学”等主题相关报道，跨越阶层和对财富积累的愿望逐渐急切。

三、“00后”大学生的教学策略

第一，根据“00后”大学生群体特征有针对性地开展思想政治教育，增强主流价值引导。首先，要用习近平新时代中国特色社会主义思想引领“00后”大学生，加强培育和践行社会主义核心价值观。充分发挥各类校园文化活动、社团活动在推进思想政治教育中的作用，广泛开展以学习习近平新时代中国特色社会主义思想、培育和践行社会主义核心价值观、弘扬中华优秀传统文化、辨析当代社会思潮等主题宣讲活动，引导“00后”大学生深入理解个人奋斗与国家繁荣、社会进步的关系，让他们明白只有集体保持良好的发展势头，个人才有更广阔的发展空间。同时，加强道德建设，开展公平、正义、利他主义教育，引导“00后”大学生把个人发展

与社会进步和国家富强结合起来，以国家和社会需要为先追求个人价值，实现个人与集体的有机融合。

第二，整合教育资源，开展多元评价。首先，整合教育资源，在教学、日常教育、社区活动、社会实践等教育教学实践活动中做好对“00后”大学生的思想引领。同时，在“第二课堂”和专业课程中整合课程和教师资源，达到综合育人的目的。其次，整合社会资源，既充分发挥红色基地、博物馆、展览馆等传统教育基地的功能，又积极开发新的教育资源，利用人工智能等新信息技术开展思想政治教育活动。再次，要关注“00后”大学生的价值表达和情感状况，引导他们探索人生价值的多元评价方式。充分发挥“第二课堂”在实践育人方面的作用，开展以开阔视野、扩展知识、增进身心健康、提高专业技能为目的的各项活动课程，全面提高学生的思想道德、学习能力、人文素质、劳动素养，为实现中华民族伟大复兴的中国梦培养全面发展的高素质创新人才。

第三，合理运用互联网技术。伴随着现代化技术的普及与发展，互联网信息早已成为“00后”大学生获取信息的重要途径，互联网设备也成为常伴“00后”大学生左右的重要学习手段。因此，开展“00后”大学生教学工作，应当学会与时俱进，合理开发并且运用现代化技术与互联网技术，通过这种新颖的教育形式开展学生教学工作，为教学工作顺利开展提供重要保障。

第四，激发学生主体能力。教师应该注重激发学生的主体作用与主体能力。因为新时代“00后”大学生不仅具备较强的自主意识，而且同时具备一定的自主能力，可以在接受知识的过程中为教育工作的开展提供必要的主体力量。这样一来，学生不再处于被动接受教育的状态，而是逐渐进入知识探索中。

第三章　以学生为中心的教学准备

第一节　切实可行学习目标的设计

一、学习目标框架

学习目标包括所有有价值的学习经验，涵盖所有的学习成果。发展至今，学者们提出了诸多有借鉴价值的目标框架。深入理解这些框架，有助于教师在此基础上形成自己的教学目标体系。

（一）布鲁姆等人的教育目标分类学

美国心理学家布鲁姆等人提出了认知、情感和动作三大领域的教育目标。其中，他们把认知领域目标由低到高分为六类，即知识、理解、应用、分析、综合和评价，这一目标分类在教学理论和实践中得到广泛应用。后来，安德森小组修改了布鲁姆分类法，将认知学习领域教育目标按知识与认知过程两个维度分类，他们认为知识只是思维发生的背景，一方面将“知识”变成独立的维度（知识被细分为事实性知识、概念性知识、程序性知识和元认知知识）；另一方面将“知识”作为动词变成“记忆”，同时把“综合”改变为“创造”且置于等级的最高位置，由此，修正后的目标由低到高变为：记忆、理解、应用、分析、评价和创造，详见图3-1。

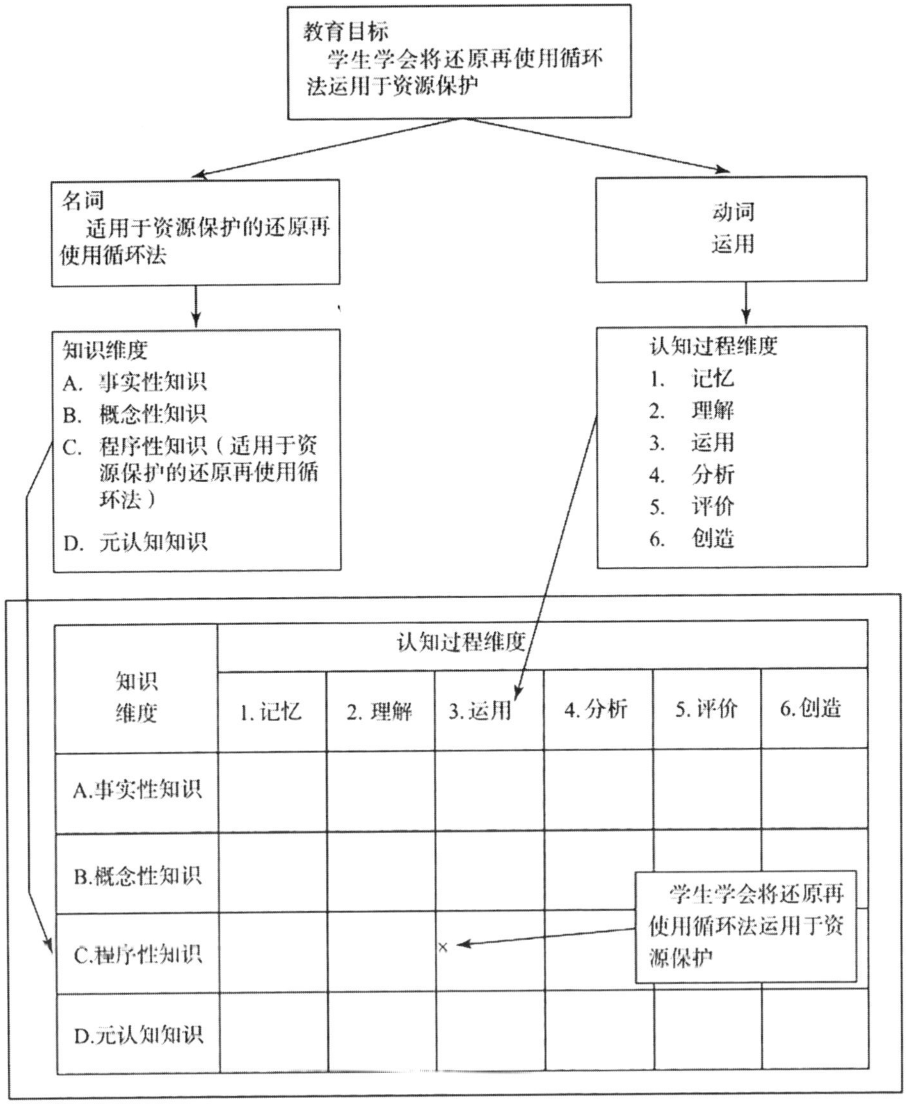

图3-1　目标（学生学会还原再使用循环法运用于资源保护）在分类表中的分类

那么，这些认知目标的具体所指又是什么呢？记忆指的是从长时记忆系统中提取有关信息；理解指的是从口头、书面和图画传播的教学信息中建构意义；运用指的是在给定的情境中执行或使用某程序；分析指的是把材料分解为它的组成部分并确定各部分之间如何相互联系以构成总体结构或达到目的；评价指的是依据标准或规格做出判断；创造指的是将要素加以组合以形成一致的或功能性的整体，或者将要素重新组织成为新的模式或结构。

关于布鲁姆和安德森等人的教学目标分类框架举例，详见表3-1。

表3-1　基于布鲁姆和安德森等人的教学目标分类框架示例

级别	学生应该能
知识/记忆	定义抑扬格五音步 陈述牛顿运动定律 识别主要的超现实主义画家
理解	用自己的话语描述曲线图的走势 归纳《苏格拉底的申辩》 把伏尔泰的《老实人》翻译成英语
应用	描述一次检验光和光量对光合作用的希尔反应的影响的实验 标出一首诗的格律和韵脚 用阿基米德定律算出不规则形状物体的体积
分析	列出同意和反对克隆人的论点 决定控制实验的变量 讨论全球经济下孤立主义的基本原理和作用
综合/创造	依据海明威的风格写一则小故事 构思反驳他人支持自杀的符合逻辑的论点 制造氦氖激光器
评价	评估依据数据和统计分析得出结论的有效性 用证据批判性地分析一部小说以支持某一评论 基于最近的公司绩效和项目价值推荐股票投资

以上着重考察了认知领域的教学目标，这些教学目标相对来说在教学中被教师广泛使用。除了认知领域，布鲁姆还与克拉斯沃尔、马西亚等人合作提出了情感领域目标分类法，它针对的是人们感性地处理事物的方式，如感觉、价值观、感激、热情、动机和态度等，分为接受、回应、价值判断、（价值观念的）组织和价值观念的个性化五个类型。这五类情感目标表现为一个渐进的层级过程：从愿意做某事、参与做某事、接受和偏爱某种价值观念、价值观念的内化至信念和完整的个性的形成。

尽管布鲁姆本人没有参与动作技能领域目标分类学的制定，但在认知领域和情感领域目标分类学的影响下，出现了很多动作技能分类，辛普森的分类在教育领域中（如实验课、体育课、职业培训、军事训练、音乐课、美术课）广为使用。他将动作技能分为七类：知觉、准备、指导的反应、机械练习、复杂的外显反应、适应、创造。在这一分类目标中，从最低层次的感官注意和准备开始，经历在他人或自我指导下经反复练习而逐渐能够表现复杂的动作行为，最后达成动作的熟练和动作类型的创造。

（二）加涅的五种学习成果框架

美国当代教育心理学家加涅提出了五种学习成果，即智力技能、认知策略、言语信息、态度和动作技能，如表3-2所示。智力技能意味着获得做某事的能力，一般来说，这类学习被称为程序性知识，包括辨别、概念（具体概念和定义性概念）、规则与原理以及问题解决四个类型；认知策略是支配个体自身的学习、记忆和思维行为的能力，即学会如何学习和学会如何思维。认知策略包含特定知识领域（如几何和诗歌）的认知策略和更一般的认知策略，而后者有时被称为执行性的或元认知策略，它独立于特定知识领域，其功能是支配其他策略的使用，普遍运用于信息加工过程；言语信息是“知道什么”或“陈述性知识”，即能用言语陈述的事实、概括性知识和有组织的知识；态度是指习得的影响个人对特定对象做出行为选择的内部组织状态（情感、态度、价值观）；动作技能是指执行身体运动的行为表现，如绘图、操作设备、唱歌、打拳、舞蹈等。

表3-2　加涅学习成果分类框架

性能	性能动词	例子(画线的为行为动词)
智慧技能		
辨别	区分	通过比较来区分法语中的u和ou的发音
具体概念	识别	通过命名来识别代表性植物的根、茎、叶
定义性概念	分类	通过写出定义来对概念族系进行分类
规则	演示	通过写出解例题的所有步骤来演示正负数加法

续表

性能	性能动词	例子（画线的为行为动词）
高级规则（问题解决）	生成	以书面形式生成一份商业计划，包括对投资回报的估计
认知策略	采用	通过解释所使用的策略，采用想象美国地图的策略来回忆各州各名
言语信息	陈述	以口头形式陈述1932年总统竞选的主要问题
动作技能	执行	通过倒车执行将小轿车开进车行道的任务
态度	选择	通过打高尔夫证实选择打高尔夫球作为一项休闲活动

与布鲁姆教育目标颇为庞大的认知、情感和动作技能的分类框架不同的是，加涅把认知、情感和动作技能各个方面整合在一个框架内，具有更为简洁的特点。如若从认知目标进行比较，那么在加涅的框架中言语信息相当于布鲁姆认知目标中的知识，而认知策略和智力技能中的各个方面则与布鲁姆认知目标存在很多交叉之处。换言之，布鲁姆认知目标中的综合、应用、分析和评价跨越了加涅的多种学习领域，如表3–3所示。

表3–3　布鲁姆的分类与加涅的学习类型的比较（限于认知领域）

布鲁姆	加涅	布鲁姆	加涅
评价	认知策略、问题解决、规则应用	应用	规则应用
综合	问题解决	理解	定义性概念、具体概念与辨别
分析	规则应用	知识	言语信息

（三）芬克的有意义学习分类法

芬克提出了一个有意义学习分类法，这一分类法在高等教育领域有着非常广泛的影响力。芬克认为，高等教育所涉及的个人和机构所表达的一些新的重要的学习需求，如学会学习、领导才能和人际交往技巧、道德、沟通技巧、品质、宽容和应变能力等，超越了布鲁姆的认知领域分类法，甚至超越了认知领域本身。为此，芬克创造了一个新的分类法，把它命名为有意义学习分类法。在芬克看来，有意义学习在过程上意味着学生学习投入和课堂充满活力，在学习结果上意味着课程给学生带来真正有意义的变化并具有生活价值，即课程给学生带来的有意义的变化在课程结束甚至在学生毕业后还能持续下去，并使他们做好进入不同社会群体或者是工作领域的准备。

芬克归纳出六类学习目标，包括基础知识、应用、综合、人文维度（了解自己、了解别人）、关心（情感、兴趣、价值观）和学会学习，如图3-2所示。具体而言，基础知识是指理解和记忆相关的概念、术语和观点等；应用指以不同方式运用、思考这些新知识的能力，培养一系列重要技能的机会，如批判性思维、实践性思维、创造性、管理复杂项目和各种实用技能等；综合指将不同的学科、观点、人和生活领域加以联系和融会贯通；人文维度指领悟学习某一学科的个人和社会意义，涉及领导能力、道德、品格塑造、自我定位、多元文化教育、团队精神、公民责任、为他人服务、环境道德等；关心指发展新的情感、兴趣和价值观，如对某一科目或活动的关注和兴奋程度，想成为好学生，愿意学习和养成高效能等；学会学习指学习如何成为更好的学生、如何探索和构建知识以及如何进行自主学习等。

可以看出，芬克的目标在布鲁姆分类学的认知过程之外纳入了大学教学的其他目标，涵盖了认知、情感和社交三个维度，而且，其目的并不是将学习类别排序，而是帮助学生认识到它们之间的内在联系和相互作用，关注学习与动机之间的相互关系。

就某一门具体的课程来说，应该怎样使用芬克的这一学习目标分类呢？芬克在他所教授的世界区域地理课程中围绕六种有意义学习制定了如下学习目标。

一是基础知识。在头脑里有一个世界地图的概念，并能正确地指出重要地点的位置——国家、山脉、河流、海洋等；理解主要的地理概念——自然地理、人文地理、比例尺、人口变迁等。

二是应用。能够从地理角度就区域问题查询信息并进行分析；能有效、快速地使用地图。

三是综合。能判断地理和其他领域知识之间的联系，如历史、政治、经济、社会结构等。

四是人文维度。能够辨别个人生活和世界其他区域之间通过互动而进行的影响和被影响的方式；能够智慧地与别人讨论全球事务以及地理对这些事务产生的影响。

五是关心。对世界其他地区感兴趣，愿意通过阅读、电视、因特网和旅行来继续了解这些地区。

六是学会学习。能够解释将来获得的信息及观点的地理意义；熟悉众多常见的地理杂志以及其他获取世界各地区有关知识的资源；比较具体地知道自己还想了解哪些地区的知识。

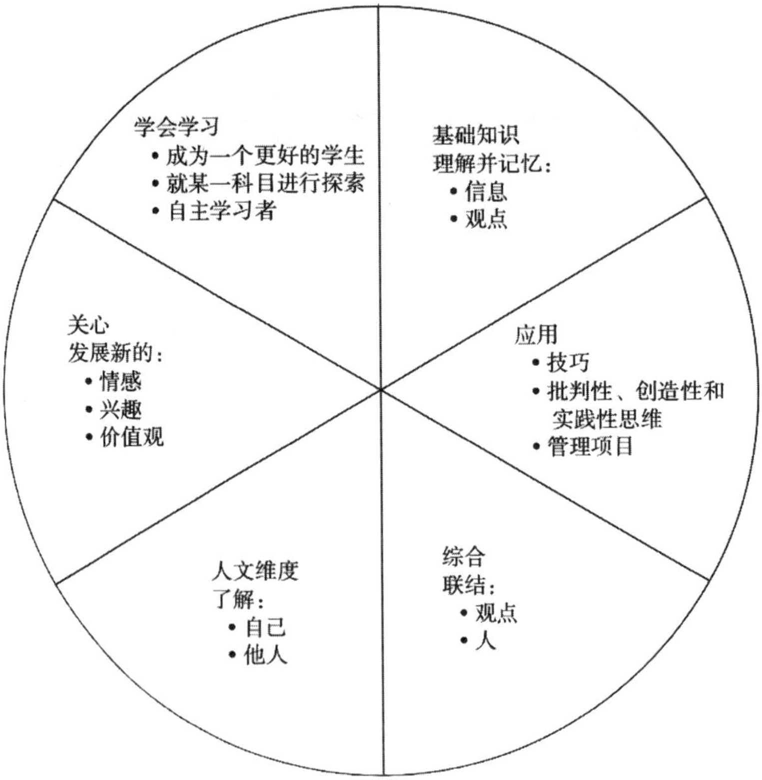

图3-2　有意义学习的分类法

二、教学目标的叙写

教师设计的课程与教学目标应该具体而明确地表达学生应取得的学习成果，具有质和量的具体规定性，让不同的人有相同的理解。在课程与教学目标的叙写方面，比较流行的是对行为目标的叙写，它通常是以具体的、可操作行为的形式进行陈述，指明课程与教学结束后学生身上所发生的行为变化。随着行为目标所固有的缺陷越来越为人们所认识，一些学者提出了其他形式的课程与教学目标，其中生成性目标和表现性目标影响较大。生成性目标是指在教学情境中随着教学过程的展开而自然生成的目标。表现性目标是指每一个学生在与具体教育情境的种种“际遇”中所产生的个性化表现。一般来说，有关基础知识和基本能力的培养，行为目标比较合适，有关鼓励批判性思维、个性化和创造性的培养，生成性目标和表现性目标则比较合适。

为精确而清晰地陈述目标，美国著名课程论专家泰勒建议使用由“行为”和“内容”构成的二维模式，例如，（行为）写出（内容）加涅学习成果框架的基本内容。

后来的研究者提出，教学目标的描述不只是限于列出内容与行为，重点应放在学生行为或能力的变化上。例如，以研究行为目标著名的马杰提出，一个完整的教学目标应该包括三个基本要素：行为、条件（或情境）和标准。按照这个三要素模式，一个完整的教学目标可以表述为：（条件）以教师指定的阅读材料为基础，（行为）学生能对两种以上文化进行比较，（标准）至少列举每种文化的五个特征，并用实例说明。

后来研究者在马杰的三要素基础上，建议加上教学对象或主体的描述，这样，一个规范的学习目标就包括四个要素，为便于记忆，把它称为ABCD模式，即行为主体（Audience）、行为动词（Behavior）、行为条件（Condition）、标准或表现程度（Degree）。按照ABCD模式，一个完整的教学目标可以表述为：（行为条件）以观赏《公平与正义》视频公开课第一讲为基础，（行为主体）学生（表现程度）能在15分钟内（行为动词）写出以学生为中心的教学的基本特征。

除了ABCD模式，加涅等人还提出了目标的五种成分模式：情境或条件、学习类型（“习得性能”的动词，区分了学习类型）、行为表现的内容或对象、行为动词（可观察的行为）、适用于行为表现的工具、限制或特殊条件。下面给出两个例子，前一个是关于规则运用的目标陈述，后一个是对言语信息的目标陈述。

（情境或条件）给出10道需要短除法的算式，通过（行为动词）写出答案以（习得的性能动词）演示（对象）除法程序，（工具和限制）在无特殊帮助情况下，达到90%的正确率。

（情境或条件）给予一个口头提问，（限制）在无参考资料的情况下通过（行为动词）“口述”或“写出”，（习得的性能动词）陈述（内容或对象）美国内战的三个起因。

需要指出的是，在实际教学实践中，尽管教师不必完全搬用上述的教学目标叙写模式，但是为了清晰而明确地表达课程教学目标，在叙写教学目标时最好包括一项可观察的行为以及该行为发生的条件和行为水准，或至少应该包括行为和内容两个方面，如此，才有可能避免笼统和模糊之嫌，不会导致学生对学习目标的理解和达成失去方向。

教师需要使用简明确切的语言来说明教学目标。应该说，教学目标阐述得越是明白，课程设计工作以及对学生完成规定的课程教学目标情况的评价工作也就越容易。目标越是具体，它就越容易测量。在课程教学中，部分教师常使用比较抽象的词汇用于编写目标，如了解、理解、欣赏、掌握、喜爱、相信等，但这些词汇并不是让人容易理解的词。而以下一些词汇，如写出、叙述、辨别、分类、解决、构思、建立、比较、对比等，都是能够让人明确理解的词，它们具有可操作性而且是可以观察的。为避免目标的编写过于抽象和不明确，一个可行的方法是，让教师自己扮演与学生对话的角色，学生向教师可能提出这样的问题：“如果我是你的学生，那么我要做些什么才能让你相信在学完某一篇课文、一个单元或一门课程后，我达到了你期望我达到的要求?”这样的思路有助于制定出可测量的和质量更高的学习成果目标。

为更好地让学生实现学习目标，教师还需要对学习过程进行设计。开发学生学习成果的逻辑序列是：首先制定期末或最终成果目标，然后逆向推导学生要取得最终成果，必须具备的技能和阶段性成果。例如，如果教师想要学生能够在学期末完成一篇调研报告，那么他们需要一步步地预先做好其他几件事，如设计研究问题或假设、论证研究意义、撰写文献综述、设计研究计划、搜集资料、整理资料、撰写报告等。

第二节　课程内容方法的选择

一、课程内容的选择与组织

在制定好学习成果目标之后，就可以开始选择有助于学生取得学习成果的合适的课程内容。选择和限定符合学习成果的课程内容时，可以参考优秀教材的目录、其他教师的课程大纲以获得帮助。

首先，需要限定课程内容。教师在选择课程内容时，要考虑以下因素：①这项主题内容对学生来说是否重要、有趣；②这项主题内容能否最大限度地联系其他主题的综合性主题；③这项主题内容是否经典或具有经久性；④这项主题内容是否具有前沿性知识内容。为此，教师在把所有主题都列入初步的目录后，要进一步区别必须掌握的内容和能够选择的附加内容，强调核心概念和基本原理，为学生提供一个包含主要观点和客观知识的概念性框架。设计课程就像是在计划一次长途旅行，课程主题如果过多、过细（恰如负重的旅行一般），那么它对学生学习没有好处。对于老教师而言，每一轮的教学都要不断更新课程知识，把当前国内外最新研究成果和学术界比较关心的热点、难点和疑点问题融入主题教学。此外，在对前沿知识融会贯通的整理和把握中，要提出或设计出有质量的、切合教学实际和可能的、具有研究性和探索性的问题。对于新教师，要学会将某些无关紧要的主题删除，避免试图将太多的内容堆积到一门课程里。

其次，将每一个主题的课程内容分配到每一节课。一节课上要点的选择是非常重要的。有关研究表明，无论学生上什么课程，他们在一堂50分钟的课堂上仅能吸收3～4个要点，而在一堂75分钟的课上也只能吸收4～5个要点。在教学实践中一个比较常见的现象是，教师虽然在理论上是赞成重点阐述基本要点的，但在实际教学中又常常热衷于对内容的覆盖和对细枝末节滔滔不绝地讲解，似乎认为假如不覆盖内容，就会有人怀疑他们的教学质量，认为他们的教学质量差或肤浅。如果教师讲课内容求多，那么势必造成讲课仓促，对每一点内容的讲解都很肤浅，而且学生也会十分紧张，随之而来的是提问或让学生专心思考的时间也会被挤掉。最关键的是，一次讲课中的内容太多反而会减少学生学习的量，增加学生的认知负荷量。

二、教学材料的选择与确定

在选定课程内容之后，就要开始选择符合教学目标和课程内容的教学材料。由于没有哪一本教材能充分合理地符合教学目标并涉及所有主要的课程内容，所以教师需要使用多种资源的课程包，包括有关论文、研究报告、书籍章节、视频、时事短讯和各种其他应用性材料。选择恰当的教学材料，就可以依靠学生通过阅读来掌握所教的基本内容和构成，从而能够较为从容地安排多样化的课堂教学。

选择的书籍或阅读材料要尽可能地与教师讲授的观点保持一致，否则，会令学生感到困惑。教师可以组织学生复印、购买或下载电子版课程包等。如果有很多材料都适用于课程目标，那么教师可以从以下几个方面进行选择：①内容的精确性和时代感；②内容的连贯性和明确性；③内容的难度；

④内容对学生而言的趣味性；⑤成本；⑥是否便于携带和阅读。在选择材料方面，教师应具有深厚的专业修养，时刻关注本课程的发展前沿和方向，不断地充实与更新教材，并介绍该门课程必要的研究方法。

三、选择合适的教学方法和活动

教学目标指导教学方法的选择。例如，如果教学目标是传授知识信息，那么讲座和自主学习就可能成为课程的典型教学形式；如果教学重点定位于问题解决、批判性思维或其他更为复杂的目标，那么教学就要以实验室、小组活动和实践活动为主；如果要发展学生的表达能力，就要考虑让学生进行口头陈述活动；如果计划发展学生的人际能力，就应规划学生进行小组学习活动。

为每堂课选择合适的教学方法，涉及教师的教学观、能力、所教的班级、教学目标和技术手段等。教师不要问自己每节课将做些什么，而应该问学生要做些什么活动。教师需要针对每一个主题确定采用哪种活动类型，例如，小组讨论、独立学习、课堂写作、模拟活动、辩论、案例分析、角色扮演、演示、测试等。教师尤其要设计好课堂讲授的比例，尽可能实现教师讲授与学生课堂活动的完美结合。

教师也可以设计采用翻转课堂模式来实施以学生为中心的教学。作为信息技术与学习理论深度融合的典范，翻转课堂的大体做法是：学生在课前进行自定步调的学习（观看视频讲座或阅读文献），课堂时间则用来深化概念和参与合作性的问题解决。这种模式将“学习时间”进行重新规划和设计，通过对知识传授和知识内化的颠倒安排，改变了传统教学中的师生角色，实现了“先学后教”和对传统教学模式的革新。从教学方法来看，教师课堂教学是为了促进学生主动学习，关注课堂面对面环境下的概念探究、意义建构和知识应用。在翻转课堂模式中，培养学生在课前自主学习的能力和习惯非常关键。教师需要综合考虑各种条件（如学生可用的课前学习时间、学生总的课业学习负担等）来设计学生课前学习的量。

四、设计课外活动、任务与作业

教师进行课程设计时，通常是考虑课堂中发生的事，而学生的学习大多发生在课堂以外。规划学生的课外活动、任务和作业的重要性丝毫不逊色于规划教师如何进行讲授。课后活动的设计直接与学生应在教师所教的一门课中投入多少时间有关。一般来说，在大多数课程教学中，学生用于课外学习的时间至少应与他们的课内学习持平。

针对某一课程内容的活动、任务与作业等则应当与学习目标或学习成果相匹配。为此，教师需要从最终成果逆向推理，设计让学生实施阶段性成果的作业和测试等。例如，如果希望学生能够在学期的某一周写一篇论文、解决某类问题、围绕某一主题进行辩论，那么，就需要给他们提供类似练习的课堂或课外的活动、任务和作业。教师除了要关注活动、任务与作业等能够导向学习目标或成果，还要向学生清晰呈现各种活动、任务与作业的评价标准。

值得注意的是，以上这些设计要素之间是彼此一致和相互支持的统一整体。表3-4所示的新生“自由意志和决定论”研究课程成果不仅显示了学习成果之间的相互关系，而且提出了有助于学生取得具体成果和评价他们进步的活动和作业的策略，这些活动和作业都列在每一项成果后面的括号里，且规定了时间，它们包括论文、阅读作业、课堂和在线讨论、日志、模拟、学习问题和课堂写作练习等。尽管它没有提供每一堂课的课程时间表，但是为制定课程时间表和给出详细的活动和作业说明提供了一个大概的纲要。

表3-4　新生“自由意志和决定论”研究课程成果

基础学习成果	通过假设和辩论，口头和书面准确地表达自由意志、决定论以及宿命论的观点（阅读文献、研究问题、课堂写作练习和讨论，1～5周）
阶段性学习成果	利用已掌握的观点，解释和评估情况（第6周上交第一篇研究刑事案例的论文）

续表

阶段性学习成果	从别人的立场反驳已掌握的观点(基于学生写的第一篇论文,第6周举行模拟/虚拟仪式)
	评价研究成果对支持或反驳彼此立场的作用(研究问题和课堂讨论,6～12周;第12周上交第二篇关于科学发现与临床报告的论文)
	评价个人生活经历对支持或反驳彼此立场的影响(日志和课堂讨论,6～14周)
最终学习成果	梳理并书面解释基于自由意志、决定论、相容论以及宿命论(包括精神命运)对自己和他人人生影响的合理个人立场并捍卫它,同时也承认其劣势和局限性(期终课程论文)

五、以学生为中心的教学方法探索——翻转课堂

(一)翻转课堂的概念和在中国的发展现状

1. 翻转课堂的概念与内涵。翻转课堂，又称颠倒课堂，是最早起源于19世纪早期西点军校的教学方法，随着时间推移的不断改进，到2007年美国“林地公园”高中的老师将讲课视频放到网上供学生课前观看，课程时间用来做作业和讨论，这一方式成为现在“翻转课堂”的雏形。其实翻转课堂不只是录视频，而是以学生为中心的有效课程管理方式。国内学者张渝江认为，翻转课堂就是由教师创建视频，学生在家中或课外观看视频讲解，回到课堂上师生面对面交流和完成作业的一种教学形态。翻转课堂的本质内涵详见表3-5。

表3-5　翻转课堂教学模式的本质内涵

教学因素	本质内涵
教学模式	以学生为中心,注重学生的个性化需求和表达
师生关系	教师不是居于权威地位的知识传授者,而是学习活动的指导者和课堂教学活动的设计者,师生间可以平等对话
学习时间	强调最大限度地利用课堂教学时间,同时分配课外时间让学生进行自主学习
学习进度	学生根据已有知识水平,按照自己的学习兴趣和步调开展学习

续表

教学因素	本质内涵
学习方法	课堂教学中,综合运用探究性学习等多种方法;课外学习中,融合了自主学习、掌握学习等学习方式
教师素养	翻转课堂要求教师不但要具备一定的信息技术能力,也要具备根据学生学习风格和水平进行课堂教学设计的能力。此外,由于教学视频只能在课外制作,也要求教师具有强烈的教育事业心和责任感

2．国内翻转课堂的主要问题。目前，国内翻转课堂应用形式较多，存在的主要问题有：学科应用“重理轻文”，学科适用性有待研究；作为实施国内教学实验主体的中小学一线教师的研究力量薄弱，现研究主要以高校教师为主，高校教师和中小学教师缺乏交流和合作；对教学“翻转模式”的研究多，对教学成效的研究少；教学实施的时间短，长期效应有待验证。

（二）翻转课堂的教学模式探索与实践

翻转课堂通过将传统课堂中的知识传授和知识内化过程颠倒来增强教学效果。美国的Robent Tall-bert教授经过多年教学积累，总结出了翻转课堂的实施结构模型，该模型简要地描述了翻转课堂实施过程中的重要环节，翻转课堂的教学模式在国内实施时大多参考表3-6。

表3-6　翻转课堂结构

授课时间	师生互动形式
课前	教师上传授课PPT、视频等教学材料学生学习课程PPT,观看教学视频针对性练习,提出一定问题
课中	教师快速、少量的测评,解答学生问题学生解决问题,促进知识内化师生共同总结、反馈

在初次进行翻转课堂教学时也参照表3-6进行，然后根据自身实践和学生的学习情况，将翻转课堂的教学模式调整进行了细化，让其更具有可操作性，见表3-7。

表3-7　翻转课堂模式实践

时间	老师	学生
课前准备阶段	1.明确教学目标,制定教学大纲,确定知识点 2.设计制作教学视频,布置学生观看 3.设计针对性练习,提醒学生完成	1.观看教学视频 2.做针对性练习 3.针对视频提问
课中组织教学阶段	1.讲解练习,回答或将问题代入教学实践 2.设计布置教学实践项目 3.引导学生进行项目互评交流	1.批改练习,提出问题 2.参与教学项目实践 3.进行项目互评交流
课后总结阶段	1.回顾课程,归纳整理问题 2.解决问题,调整完备课程	1.写学习体会,巩固所学知识 2.总结,反思,评价课程

根据表3-7进行翻转课堂的尝试培训，但在课程执行过程中，可能会遇到一些问题和挑战，总结见表3-8。

表3-8　翻转课堂对老师、学生和课程的挑战

课堂主体	面对的挑战
老师	1.对课程的整体把握和设计:是否熟悉课程内容;如何改进教学设计,遵循科学设计 2.对视频制作的技术掌握情况:视频能否清晰表达课程内容;内容是否适合分章节学习;是否适合学生自学 3.控场能力与组织能力:学生课前自学提出问题之后,课堂上老师是否能有效解决学生提出的各种问题;能否从整体视角做到“聚焦问题、激活旧知、示证新知、应用新知与融会贯通”
学生	1.学习自主性:如何提升课前与课后的学习效率 2.知识的储备和运用能力:是否能结合已有知识理解新的知识并解决新的问题 3.性格特征
课程	课程内容和形式是否适合翻转

翻转课堂是非常好的授课方式，从学生的需求出发，发挥学生学习的自主能动性，形式新颖，着重提升学生解决问题的能力。但同时翻转课堂对老师、学生和课程都有一定的要求，所以老师在对课堂形式做选择时要考虑课程具体情况是否适合，不能一味翻转。

（三）构建翻转课堂的建议

1. 加强对翻转课堂的系统研究，构建适合学科特征的课程模型。翻转课堂作为一个新的“舶来品”，在国内引入和运用时间不长，大家缺乏对其的系统研究和了解，大家对其的运用大多在教学形式上的改变。希望未来可以系统研究，找到真正适合的本地化发展道路。

2. 在有条件的教育体系试点翻转课堂，加强体系内教师的交流和合作。翻转课堂在中国热了起来，基础教育体系试点尝试，高校教师积极研究。但翻转课堂的实施对老师、学生、课程均有要求，所以应该选择有条件的教育体系进行试点，并加强基础教育老师和高校老师的交流合作。

3. 提升信息技术软硬件，建立评估教学效果体系。翻转课堂对信息技术软硬件均有要求，实施翻转课堂的学校需配备相关设备，也需要对相关老师进行信息技术的培训，提高教师的信息素养及教育技术能力。同时也需要教会学生运用信息的方法和路径，以保证翻转课堂可以顺利进行。另外，需要建立评估教学效果的评估体系，以帮助老师、学生正确使用、评估教学效果，不断改进课程模式。

第三节　课程大纲的设计

一、为什么课程大纲是重要的

一旦有了合理的课程设计，课程大纲就自然形成了。课程大纲在一定程度上确立了课程的基调。一份以学生为中心的课程大纲关注学生的学习需要和学习过程，是学生实现有效学习的重要学习工具。

课程大纲是课程学习计划的简明纲要，是学生学习课程知识的路线图和学习指南。课程大纲虽然通常只有几页，但其所能发挥的作用却非常重要。

有一项研究指出，一份写得好的课程大纲能够带来如下好处：①建立学生和教师之间的联系；②为课程定好基调；③描述教师对学习、教学与评价的信念；④让学生熟悉课程结构；⑤包含讲义或详细的任务描述；⑥定义学生为了成功完成课程在该课程上的职责；⑦帮助学生确定他们对课程的准备；⑧陈述这一门课程如何满足课程培养方案；⑨描述可用的学习资源；⑩表达课程的技术要求；⑪包含很难获得的阅读材料；⑫描述有效的学生学习习惯；⑬包括支持课外学习的材料；⑭作为一份学习合同。

还有研究指出，一份适用的课程大纲一定能恰如其分地反映教师教学和学生学习的状况，它能清楚地表明教师了解学生的程度，因为学生痛恨被突如其来的任务吓一跳，痛恨教师在最后一分钟布置作业，所以他们非常喜欢组织严谨、架构清晰的课程大纲，良好的大纲可以让他们提早做出随后几个月的计划，同时也表明教师对学生以及这门课的尊重。

课程大纲是教师和学生在课程开始时的第一个联系，它在一定程度上确立了课程的基调。详细的课程大纲对学生来说是一个很有价值的学习工具。在一定意义上，大纲包含的材料宁多勿少，因为一般来说，大纲包含的内容越多，教师授课时要临时补充或决定的材料就越少，要回答学生的问题就越少，可以最大限度地减少学生对作业期限、评分标准以及其他课程政策的误解，减少他们最初对课程的焦虑。如果课程大纲包含详细的任务和用以区分学生学习质量的标准，那么整个课程都能够节省时间。课程大纲有助于学生在上课伊始就获悉教师对他们的要求，给他们已掌握自己学习状况的安全感。

从学生的视角来看，课程大纲是非常必要的，有一项研究就对此讲述了一个颇为耐人寻味的故事。在上“民俗学引论”课的第一天，主讲教师首先给学生几分钟的时间阅读课程大纲，并提出稍后进行讨论以及回答学生可能提出的问题。在学生们看来，课程大纲就像是餐馆里的菜单，他们急于想知道他们自己是否会喜欢这家餐馆里供应的食物，或者是否有必要走到街对面去换一家餐馆。普鲁是一名英语专业的学生，她的兴趣是民俗研究，她非常想了解民俗物件的收集过程，因为这有助于她所做的项目。然而，当看到这门课程的课程大纲时，她失望了。与她在其他课程中所看到的课程大纲相比，这个课程大纲只是一个框架，并没有包含关于课程内容的任何细节。她不知道授课教师是否会在某一个她并不是很感兴趣的民俗内容上花费更多的时间。如果课程大纲上能详细介绍课程内容的话，那么她至少会有时间去重新评价它；如果课程内容不能满足她的需求，那么她还可以换到另一门课上去。现在，她只能猜测课程内容。在她看来，如果说课程大纲像一份菜单的话，那眼前的这个课程大纲一定是用褪色的墨水书写的。

由此可见，教师需要准备一份详细的课程大纲，让学生明晰该课程的概念性框架、逻辑关系和组织结构。事实上，一份内容充实的课程大纲也向学生表明了教师对待课程教学的认真态度。教师一定要提前规划好课程时间表，包括所有任务、考试和假期的时间，思考如何切实可行地做出取舍，以在规定的时间、地点、学生和资源条件下达成最为重要的学习目标。而且，还需要格外注意分散整个学期的任务和考试，以避免让学生因任务超载而疲于应付。

二、课程大纲应该给谁看

落实以学生为中心的理念，课程大纲要面向管理者、教师和学生三类对象，而不同类型对象对大纲的关注点未必相同，对大纲的理解、要求和期望也可能会有差异。

（一）管理者需要的课程大纲

对于管理者而言，要对全校众多课程及其“教学质量”进行管理，但他们又不可能熟悉所有课程的内容。为了便于管理，他们往往希望课程大纲的制定能具有某种规范性，甚至更喜欢表格化的管理方式，在语言的使用上有时也会提出一些要求。例如，某大学就明确提到“书写力求措辞准确严谨，语言简明扼要，术语专业规范”；而在课程的管理方面，高校的管理者和教师之间又常常处于各自为政的状态，为了保证大纲的质量，又提出“各教学单位教学院长为总负责人、专业负责人为编写工作责任人”，并且要“由经验丰富的教师或小组执笔形成初稿”，进一步，学校又提供了一门课程的大纲模板供大家参考。

（二）为教师提供的课程大纲

我国早期的课程大纲是由教育主管部门指定专家编写，主要是给不同类型高校的任课教师看的，大纲中使用的“掌握、了解、理解、能够”等动词，其微妙之处就在于“弹性”很大，不同类型的高校，尽管教师的学术水平、学生入学成绩存在着较大差距，但这些具有通用性和规范性的词汇都能解释得了。工作年限稍长的教师，对这类术语也都习以为常且运用自如。

课程大纲是“为教师和学生提供了解课程内容的平台”。然而，高校中学科专业林立，受所从事学科专业的限制，大多数教师往往只对本专业的课程及内容感兴趣（由于学科之间的差异，这类情况在不同学科中的程度会有差别），这些课程内容往往是他们之前学过甚至是教授过的。如同一支球队的队员之间需要相互配合一样，同一个专业的教师理应在课程教学上相互协作，但高校的竞争和个人主义的价值取向却往往导致教师们大都在“单打独斗”，孤立地完成自己的项目。这种文化反映在教学上，就会出现教师们往往不太关心本专业的其他课程。另一方面，在国内高校的网站上一般也很难查找到完整的课程大纲，能找到的大纲也主要采用教材章节结构来介绍课程的知识结构，缺少其他元素，更难以链接到教师的课程教学网站上（很多教师根本就没有这样的网站），可见，除非学校有装订成册的“课程大纲”，否则教师们也难以见到其他课程的大纲。所以有教师说，“课程大纲除了交给学校外，主要还是给自己看的，是自己对教学所做的规划。”

要想打破这种状态，需要制度和评价机制的创新，以及信息技术的支撑。例如，一个专业的培养目标特别是那些重要的目标，应该是由多门课程来联合培养的，为此，就必须促进这些课程的教师之间围绕着培养目标的实现来进行有意义的交流和讨论，而课程大纲就是其中一个有效的交流载体和工具。只要有合适的机制和评价措施，能通过网络平台来显示所有课程的大纲，才有希望让教师们“了解”其他课程的内容，也才有希望促进教师们的团队教学。

（三）让学生“了解”的课程大纲

如果将给管理者和教师看的课程大纲作为学生“了解课程内容的平台”，在开课之前或之初发给学生，由于他们对课程内容可能还不熟悉，特别是理工科等专业的学生对课程内容的术语就极有可能看不懂，或者很难弄明白（其实管理者和教师如果不熟悉这类课程，也往往会看起来“发懵”）。所以，给学生看的大纲如果仍然使用上述模板的语言，学生就会感到难以理解，除了课程内容的术语看不明白外，对于培养目标中要“掌握、了解、领会、理解”之类的内容，也可能是“一头雾水”，因为他们并不真正清楚，到底需要“掌握、了解、领会、理解”到什么程度才算是达到了要求。原因在于用教师们熟悉的这类词汇来描述的目标并不具体，还需要教师的进一步解释。而且，从这样的课程大纲中，学生也难以看出学完这门课程后，他们能具体干什么，培养了哪方面能力，对于后续课程能起到什么具体的作用。

如果学生看不明白，又对学习帮助不大，就会养成不看大纲的习惯。这就像一个产品，如果顾客看不明白说明书，就只能请教别人去学习该产品的使用。在这一点上，课程大纲的作用又何曾不像说明书呢？

如果在课程学习结束后再将这样的大纲发给学生，他们读起来可能就会好很多，但这时的大纲已经失去了指导学生学习的作用和意义。另一方面，如果将课程大纲定位在让学生“了解课程内容的平台”上，学校要么应该制定供学生“了解”课程内容的大纲手册，要么提供学生“了解”的网络平台，但是这样做的学校也并不多见。

课程大纲给谁看的问题，实际上是大纲的定位问题。管理者和教师们看上去习以为常的大纲，关注的重点往往是“教什么内容”，这一点也反映在了大纲所给出的“教学方法”上。

学生能看明白的课程大纲，管理者和教师一般也能看得懂。但是管理者可能会担心，这样的大纲形式上难以统一，语言上可能不规范或不够“官方”，与管理者的期望不一致，管理起来可能不方便。尽管可能有这样或那样的担心，但我们应该不忘初心——教学管理的核心是对教学质量的管理，而这个质量就体现在学生学习的效果上。那些反映在大纲上的学生应该学什么（目标）、怎样学和怎么做（方法），学习效果如何评价等信息，正是教学质量“评估”和“管理”应该抓住的“观察点”和“依据”。如此一来，教学质量评估和管理也就从“把教什么看成是质量”，走向了体现教学质量的主体——“学生究竟在怎么学”“学得怎么样”。

三、制定课程大纲遵循的原则

高校教学管理中最为基础的工作是教学大纲的制定，而教学大纲的制度设计和理念直接影响教学质量的提升。教学大纲是根据教学计划，以纲要形式规定一门课程的教学内容的文件，它是教师进行教学的主要依据，也是检查和评定学生学业成绩和衡量教师教学质量的重要标准。

第一，制度化。制定教学大纲是大学教学制度的一项基本条例，是教师的基本行为准则，是教师的一种责任和义务，也是教师对于即将到来的学期所开设的课程的一个比较明确的教案安排。因此，教师必须按时提交高质量的教学大纲。

第二，个性化。高校的课程种类繁多，即使同样的课程，不同的老师使用同样的教材，教学方法也都各不相同。教师对所上的课程使用什么教材、如何安排课件内容、怎样检验学生的成绩等都具有绝对的自主权，因此此次教学大纲编写是个性化的。

第三，规范化。虽然每门课程，每位教师的课程大纲都各自不同，但其内容和格式需要相对统一规范。学校教务处所规定的有关政策，都务必体现在每一份教学大纲中。

第四，明细化。教学大纲要做到内容详细，信息及时更新。一些最基本的课程信息包括课程名称，授课老师姓名、电话、电子邮件都必须明确告示。课程描述、学习目标、学习资源、评价手段和方法、课堂的基本要求等均需详细具体准确。

第五，可考核化。教学大纲具有双向合同的意义，它不仅体现了教师与学校之间的“合同”，也是教师与学生之间的“合同”。所谓合同，就是一份契约，教师要按契约所规定的任务去努力完成，并由此来加以考核，而学生则必须按契约的要求和规定来完成课程学业。

四、以学生为中心的课程大纲的组成部分

按照以学生为中心的教学理念来设计课程大纲，使以学生为中心的教学理念得以落实，这份大纲便也成为一份以学生为中心的课程大纲。如果一定要对以学生为中心的课程大纲做出界定的话，可以简单地说，以学生为中心的课程大纲注重学生的需要和他们的学习过程，大纲中教师需要详述能够帮助学生成功学好课程的信息。一个以学生为中心的课程大纲，是围绕着什么样的信息能够帮助学生学好这门课程这一问题而制定的。有学者指出：如果大纲是精心制定出来的，那么教师对学生需求和兴趣的理解、有关学习本质和教育本质的观念与设想、有关课程内容和结构的价值观和兴趣等因素就会交织其中并得到展示。在一定意义上，学生越是明白教师期望他们在课程结束后能够做什么，他们就越能明白自己的角色并能断定自己课程学习成果的标准，也就越能减少受挫感和失望感，课程的学习成果也就越好。

应该说，课程大纲虽然没有标准的样式或模式，但大体包括的内容是：

提供基本信息；描述学习该课程必需的条件；对课程目标进行综述；提供课程日历和时间表（即按日期排列的主题）；描述课程教学形式和教学活动；具体说明教材和阅读材料的作者和版本；列出要布置的作业、学期论文和考试；说明如何对学生学业成绩进行评定；列出其他课程要求，如组成小组学习；说明课程政策，如有关出勤、迟交作业、缺考、补考、加分、延期申请、病假、作弊和剽窃等政策；列出补充材料，如课程涉及的专业术语表、如何学习的建议、可看的视频讲座等信息。

第一，课程的基本信息。包含课程名称、课时数、授课时间和地点、学分、课程信箱、课程QQ群或微信群、课程管理系统中的文件名和位置等基本信息。

第二，教师的信息。教师姓名、职称、办公时间和地点、电话、邮箱地址和个人网页等。

第三，课程目标。课程目标描述课程结束时预期的学生学习成果，包含了认知、情感以及过程和方法等各个维度。

第四，教师的教学方法或教学理念说明。教学理念是教师对教育的责任、对学生的期望、对学生学习方式的理解、对师生之间共同权利和责任的看法、想要与学生建立什么样的亲密关系、喜欢采用的教学和评价方式等的说明。

第五，课程日历表。课程大纲的核心是具体教学时间的课程日历表，包含主题、课堂活动和形式（包括讲座、特邀发言人、课堂讨论、小组作业、演示、案例分析、实地考察、角色扮演、模拟、游戏、辩论、专题讨论会、视频、计算机作业和复习等）、随堂测试和考试日期，还有所有阅读作业、书面作业、论文和项目上交的截止日期。在细目主题下，可以列出有关作业及其完成日期的安排。

第六，参考书和阅读材料清单。如著作、期刊论文、课堂作业包和网上资料等，这些资料要明确标明哪些是必读的，哪些是选读的。

第七，计入课程成绩的课程要求和标准。学生的所作所为深受他们预期的学习评价方式的影响。详细列出所有纳入总分的作业的分值，如课堂和课外作业、出勤率、讨论、随堂测试、考试、论文、课堂展示、项目，等等。尤其需要对书面作业、项目和口头报告等给出具体的评价标准。

第八，不计入课程成绩的其他课程要求。如果希望学生参加课堂讨论，则必须事先通知他们；如果为了了解学生对课堂内容的理解程度，想组织不计入课程成绩的随堂小考，那么在学期一开始就要公布，因为与其在上课时突然宣布新规则，不如让所有学生一开始就知道教师的计划。

第九，关于缺课、补考和迟交作业等方面的课程政策。对于出勤等要求，部分教师把它归入课堂参与部分。

第十，课堂礼仪和学术话语的政策。有关课堂礼仪、学术话语的政策可以用来规范学生行为，有效地防止破坏课堂、人身攻击和其他不礼貌行为等。

以上便是对课程大纲的一个简要说明。在上第一次课时，教师最好给全班学生发放详细的课程大纲，并鼓励学生阅读课程大纲，或师生共同对大纲内容进行讨论，以明确即将开始的旅程。让学生直接感知该课程要讲些什么，希望他们做些什么，对他们的表现会怎样评价，教师打算如何利用上课时间，学生在这门课程上该如何预习和学习，他们应该花多长时间学习这门课等。在一定意义上，课程大纲就是与学生进行交流的产物。所以，在第一堂课上，教师也可以征询学生对课程的期望性意见，如完成简要的学生问卷。在询问之后，教师可以介绍暂定课程大纲的大体内容，或者在下次上课时把考虑了学生意见的正式大纲发给每个学生。

五、基于OBE人才培养方案的课程大纲设计

（一）课程大纲制定的依据

近年来，教师们普遍认识到课程大纲制定的依据是培养目标，但在专业认证或“成果导向”的模式下，培养目标是怎样来的呢？为此，我们先

来简要讨论“成果导向”教育的目标体系是如何建立的。

1．成果导向的教育OBE。“成果导向”的教育就是近年来国际教育界流行的OBE（Outcomes-Based Education），通俗来讲，OBE也是一种目标导向的教育，只不过它的目标是预期的“成果”（Outcomes），全称为“学生学习成果”SLOs（Student Learning Outcomes），也有学者将Outcomes译为结果、效果、产出等。不同于“教师中心”的传统教育目标，SLOs的重点是学生学习的“成果”，关注的是学生走向社会后应该成为什么样的人、需要具备什么样的能力和素质，以此来倒推学生需要实现什么样的预期“学习成果”。假如我们要重点关注学生的能力培养这个“成果”，OBE也可以看成是“能力导向的教育”，如我国台湾地区的高校主要用“核心能力”来表示SLOs。

预期的SLOs就是培养目标，通常所说的“培养目标”表达的只是人们的一种主观愿望，是对人才培养效果的一种预期。培养目标不一定等于培养效果，前者是预期，后者是结果。在OBE模式中，关注和强调的重点是培养效果“SLOs”一定要满足“预期”目标SLOs的要求。实际上，SLOs这个概念本身就包含着一定要“实现”的含义。

OBE是一种基于教育系统中的每一个环节都是围绕着学生的预期学习目标SLOs来开展的教育理论。它是基于所有学生都能成功这一假设，是以“人人都能学会”为前提的。但是，这一理想状态下的前提假设，在实践中往往会遇到现实问题，譬如在我国高等教育强调“管理严起来”的情况下，应该如何操作？为此，在实践中就应该理解或调整为——在教育经历结束时，要“有一定目标比例”的学生能够达到SLOs的基本要求。这个“比例”就为高校的实践提供了操作空间，西方一些高校的实践也是采用这样的做法。

OBE并没有什么固定模式的教学和评估方式，学校提供的所有学习机会、学业考核评价及评估方法，都应该能够帮助和指导学生通过努力学习来实现预期的学习目标。OBE体现的是“学生中心”，特别是“学生学习中心”理念，以及促进学生主动学习的教学模式。

OBE模式强调需要对大学、通识教育与专业、课程，以及全校的教育环境进行整体的系统设计，通过构建全校性的教与学质量保障体系来推进学校教育的持续改进，体现的是系统化的管理思想和全面质量管理的理念。

2. 培养目标体系的制定与落实。在OBE模式中，要重点解决培养目标体系的制定和落实问题。

（1）关于培养目标体系的制定：作为目标导向的教育，OBE模式的重点是要采用顶层设计的方法，自上而下地建立起一套培养目标体系。从学校的培养目标、到学院和专业（包括通识教育）的培养目标、再到每一门课程的培养目标，是一个由宽泛到细节、从抽象到具体的逐级分解、细化的制定过程，并且要求各层次目标之间要保证一致性和足够的代表性。到了课程的预期学习目标这一层面，应该是越具体、越具有可操作性越好，正因如此，培养目标体系的构建就并非易事，它需要全校上下的共同努力、持续改进。但这并不意味着，学校层面上不开展OBE模式的改革，一个专业或一门课程，甚至某个实验教学体系就不能单独开展OBE模式的尝试了。专业、课程、实验环节可以通过构建自己的目标体系来开展OBE模式的改革。

（2）关于培养目标的落实：专业人才培养方案的设计应该围绕着如何实现专业的预期学习目标来开展，而“课程矩阵”是一个能帮助设计人员进行人才培养方案设计的分析框架，使用课程矩阵可以将专业的培养目标分解、落实到相应的课程或培养环节上，从而使培养目标的实现能够做到“千斤重担人人挑，人人头上有指标”。

一般来说，专业的每一项重要的培养目标，往往都需要若干门课程来共同实现。例如，有的课程先初步培养（I-introduced）、有的课程负责进一步培养或加强（R-reinforced）、有的课程进行应用（P-practice）、有的课程是对前期培养效果进行评价（A-assessment）。因此，对每一项培养目标，都可以结合课程的逻辑编排顺序，通过课程矩阵，在实现这项目标的若干门课程之间建立起I、R或P、P或R、A……A的培养关系。这里的省略号是想说明，有些重要的培养目标可能需要通过不断地增加复杂度或改变环境条件，进行反复加强、实践和评价。

如果一个专业所有的培养目标分解过程都能够做到科学合理、有理有据，从设计的角度来说，这些分解到各门课程上的培养目标“组合起来”，就应该能够实现专业的人才培养目标。如此一来，组成一个专业的各门课程之间就不再是一个个不受约束的“独立王国”，因为每一门课程要实现的目标都是专业培养目标的某一部分或某一方面。这时，教师们需要考虑的就不再是“我”想教什么？而是“我们”应该教什么？“我”应该怎么教？

另外，OBE模式应该结合专业特点来开展。例如，人文社会学科开展专业认证工作，就应该有与工程教育，医学教育的专业认证不同的特点，如果照搬工程专业的模式，由于学科课程之间的差异，实践中难免会遇到许多问题，不仅经不起推敲，而且更难以操作。为了避免这类现象发生，需要回到为什么要按照学生中心、成果导向、持续改进的理念进行人才培养改革的逻辑起点上。在此基础上，再来理解OBE模式解决问题的方式方法，就容易找到适合各自专业的路径和方法。

（3）课程矩阵用于培养方案整体设计：课程矩阵不仅可以用于设计专业或通识教育等的人才培养方案，也可以用于帮助我们分析、诊断人才培养方案中存在的问题和不足，帮助设计人员创造性地解决培养目标落实中存在的一些问题。

如果一项重要的培养目标四年中仅仅集中在一两门课程上，这样的培养过程就比较短暂，为此可以通过增加课外活动等实践机会来不断加强培养，如外语、写作、口才与演讲等能力的培养。

如果一项目标的培养环节之间是断断续续出现的，就会影响培养的效果，这时最好要调整课程的编排顺序，以保证培养过程尽可能地连续。

如果一项目标同时由几门课程在同一个层次上培养，就要考虑是否存在过度培养的现象，这时，可以要求这些课程来考虑如何联合培养的问题。

如果某项课程难以承担任何培养目标，或者所承担的任务可以被现有的其他课程所替代，又不能对其他课程起到不可或缺的支撑作用，那它基本上属于可有可无、没有生命力的课程。

如果一项重要的培养目标都是由选修课或课外活动来培养的，就应设法增加必修课程。如果有的目标难以由传统课程实现，就应该考虑引进其他培养环节，如课外学习环节等，并要求学生一定要参与这类活动，并在活动中给予指导和评价，这样的培养环节也需要纳入人才培养体系统一规划。

一般而言，专业课程培养专业能力似乎是天经地义之事，而对于那些与专业课程内容看似“无关”的能力，像口才与演讲、写作、表达沟通、团队合作、领导力等现代职业普遍重视的“通用能力”，甚至包括公共课已经初步培养的一些能力，由于长期受“教师中心”传统观念的影响，目前在许多高校中，如果要靠专业课来培养，很多教师还难以接受。这时，就可以通过第二课堂、课外活动以及社会实践等环节来培养。这些环节对于这类能力的培养往往也能发挥出很好的作用，所以也应该纳入人才培养的整体中考虑。为此，这些环节也同样需要围绕培养目标精心设计并制定出相应的“课程大纲”。

总之，对于每一项重要的培养目标，都应该尽可能涉及从初步培养、加强、应用……到评价，整个完整的培养过程。而利用课程矩阵获得的这些信息，正是课程目标制定的依据来源。当前，国内高校中使用上述课程矩阵方法对人才培养方案进行整体设计的案例还很少。随着人们对人才培养质量提高的进一步重视，以及学生中心理念和专业认证工作的深入，这一方法会越来越受重视。

这些参与同一个专业培养目标培养的课程之间，应该有一个从低阶学习向高阶学习分工合作的过程，因为高阶学习是以低阶学习为基础的，只停留在低阶学习阶段培养的能力往往是短暂的，重要的培养目标必须向着高阶学习发展。

利用课程矩阵以及它的不同表现形式，也可以使学生、教师和其他利益相关者，从中看出各门课程或培养环节在人才培养中的作用和地位，这对于指导、帮助学生规划自己的学业，成为积极主动的学习者大有裨益。

（二）谁来制定课程大纲

每一门课程的培养目标，都应该是由专业的培养目标通过课程矩阵分解而来的。一般来说，这项工作应该是在专业培养方案的“专家”设计团队前期工作的基础上，再由教师、其他相关人员共同参与分析、讨论，最终拿出将整个专业培养目标分解到各门课程上的具体方案。

在这一过程中，那些需要由若干门课程来联合培养的专业的学习目标，就被分割成这些课程各自要培养的目标。通俗来说，专业的某个预期培养目标的实现，需要由若干门课程来“分工合作”，为了保证“分工”科学，教师之间能够“合作”默契，最后能够使学生实现专业的学习目标，就要求每一位任课教师都要根据“分工”拟定自己的工作“方案”（即设计课程的预期学习目标）。如果再科学严谨一点，还应该制定“验收标准”（即对学生的考核评价措施及标准），所有教师都要将工作“方案”（包括验收标准）拿出来，由大家共同来分析、讨论，看看这些方案“组合”起来是否能配合默契，是否能达到实现专业目标的要求，并对其中存在的问题和发现的不足进行修改、完善，最后给出一个任课教师都能接受的“分工方案”。

但是，由于高校教师们长期形成的“各自为政”的工作特点，这个由所有教师共同参与协商、讨论的过程，如果没有“专家”团队的组织、协调，往往在实践中进展困难。

可见，为了使各门课程的预期学习目标之间能够在衔接上顺畅，能够体现出对专业目标培养的整体性，最有效的办法是由“专家”参与组织和协调，对于经过大家讨论确定的课程学习目标，如果由“专家”撰写到各门课程大纲的“初稿”中，可以保证课程大纲的格式统一、语言规范，提高工作效率。如果担心教师们对于OBE理念把握不够准确，就有可能让教师们使用模板，或者由“专家”亲自撰写。这也许是为什么需要“专家”撰写课程大纲的原因。但是，“专家”制定的课程大纲，哪怕是初稿，面临的最大问题是：教师们是否能够真正按照这样的大纲来实施教学？特别是对于人文社科的课程来说，很可能就会有教师认为，这是在限制教师应有的“教学自由”；教学是一门艺术，这是在扼杀教师的教学积极性和创造性；教师不是“木偶”，不应该完全按照别人的“指使”来“表演”，等等。但是，如果教师不能按照课程大纲的要求来教学，课程的预期培养目标还能够保证实现吗？进一步，专业的人才培养目标能最终实现吗？

教师的教学与“专家”制定的课程大纲之间可能存在不一致的现象。那么，由“专家”制定课程大纲，与任课教师根据自身实际制定课程大纲，各有什么优势和不足呢？

1.“专家”与教师制定课程大纲的优势与不足。“专家”制定课程大纲的优势主要在于他们有制定专业培养目标的基础，能够根据每一门课程在专业中的地位、作用和功能等因素来进行统一规划，并借助课程矩阵给出每一门课程的培养目标。

或者说，由专业负责人及部分教师组成的“专家”团队，具有制定专业培养目标的经验，熟悉各门课程之间的功能和作用，以及任课教师的具体情况，因此能够从整个专业较为宏观的层面上把握整个设计过程和需要分解完成的任务，从而有可能最大程度地将专业的培养目标分解到相应的课程上。特别是对于大多数需要由多门课程来联合培养的专业目标，“专家”团队可以较为有效地促进教师们之间的交流、协商，促使教师们尽快达成共识，提高整个工作的效率。

在这一过程中，如果某个专业的培养目标难以找到现有的课程来实现，“专家”团队也相对容易来促进学校或局部的政策向着有利于实现培养目标的方面倾斜，有利于协调资源、通过引进其他培养环节等措施找到替代办法。而且，“专家”团队能够较好地保证将通过课程矩阵得到的课程培养目标，落实到各门课程大纲的“字面上”。

应当看到，基于成果的教育OBE不是一件急功近利之事。特别是我国高校当前还处于这项教育改革的探索阶段，兄弟院校中可供借鉴的成熟经验和成功模式也并不多见，学校之间的“专家”团队本身也需要一个相互学习、交流、不断探索和共同提高的过程，为了减少弯路，由“专家”团队进行人才培养方案的设计、并参与课程大纲的制定，也有利于在实践中的持续改进和不断完善。

以上这些“专家”制定课程大纲的优势恰恰是教师制定大纲的不足。

“专家”制定课程大纲的主要问题是在教学设计部分“看不见学生和教师的影子”，缺乏教学特色和多样性，不利于调动教师积极性，难以与任课教师的实际教学相吻合。而这些问题和不足，恰恰是教师制定大纲的优势。

实际上，从任课教师自己制定的课程大纲中，很容易看出教师的教学理念是否先进，教学内容的深度和广度，学业考核评价方法的合理性、教学目标的可能实现情况等，也能反映出教师的教学艺术、教学风格和教学特点。因此，如果要制定出能够帮助和指导学生学习的课程大纲，体现出学生学习中心的理念，教师就要根据学生的实际和自身优势对课程进行整体的教学设计，采用多种教学策略来帮助和推动学生主动学习。特别是信息技术催生了许多新的教学方法和手段，以及国际上一些可供借鉴的多元评价手段和方法，并不是所有教师当前都能掌握的，能否正确使用这些方法和手段也都体现在教师自己设计的课程大纲中。这一点在“专家”制定的课程大纲中就难以做到。

总之，“专家”制定课程大纲有利于将专业的培养目标落实到具体课程的培养目标上，容易体现目标体系的整体性；而教师制定的课程大纲有利于落实“学生中心”的理念，有利于促进学生学习，以及教师自身的教学水平提高。

2. OBE课程“反向设计”与课程大纲设计。理想状态下的课程大纲当然应该是由任课教师自己制定的。OBE的课程设计与专业人才培养方案一样，都是采用“反向设计”的方法。

首先，通过“课程矩阵”将专业的培养目标分解到具体课程后，每一位任课教师还要进行课程的具体设计：①根据专业的培养目标对课程的培养要求，任课教师要结合课程的内容，以及本校学生的实际情况来制定课程的预期“学习目标”。教师在制定“学习目标”之前可以思考，希望学生通过这门课程的学习，能够具体理解什么，知道什么，能做些什么。②设计学业考核评价的措施和方法。为课程的每一个“学习目标”，制定出可以操作的考核评价方法和标准，要确保学生在每一个学习目标上的表现都能够得到恰当的评价。教师可以考虑如何检查学生达到了预期学习目标的要求，学生需要拿出什么样的证据才能够证明他们达到了这样的要求？以此来设计可以接受的学生学习证据。考核评价措施和方法应该确实能够证明或者说明，学生是否达到了学习目标的要求。③“专家”设计团队、全体任课教师，以及涉及的相关人员，要对所有相关课程制定的学习目标和评价方法进行讨论并修改完善，最后达成共识。

由于每一门课程，只是培养了某一个或某几个专业目标的某一方面或某一部分。这一步的重要性在于，对于专业的每一项培养目标，可以将培养它的所有课程的学习目标组合在一起来分析，以便检查该专业的培养目标是否能够得到有效的培养。例如，所有课程的学习目标组合起来是不是能够涵盖专业的学习目标要求，是否存在培养上的不充分现象；在按课程顺序培养的过程中，这些课程学习目标之间的衔接是否存在问题；各门课程的考核评价能否证明学生的学习真正达到了各门课程的学习目标要求；课程之间的评价设计是否合理；是否有最后的综合评价环节等。

其次，通过集思广益地分析讨论，对每一项专业培养目标的实施和评价过程，都力求做到有理有据、令人信服，以最大程度地保证培养目标的可能实现。根据达成的共识，形成供相关利益者参考的相关文档（包括相应表格和附带说明），并将随时修改完善的内容定期存入文档；任课教师根据达成的共识进行具体的课程设计。例如，围绕着课程学习目标的实现来选择内容（主题、单元、知识点，主题可以是面向某个问题的教与学模块），以及编排方式，据此制定课程大纲。

最后，课程大纲还应该经过一定的审核程序通过后才能使用。具体审核程序如下：①在院系特别是专业层面的审核，应该包括对专业目标与各门课程学习目标之间的关系审核，目的是保证专业的目标能够完全落实到相应的课程目标上，避免课程学习目标之间出现冗余和“脱节”现象；②课程的内容和教学是否能够满足实现学习目标的需要；③利用课程大纲来审核专业的课程内容之间是否存在冗余和“脱节”等问题。审核工作对于保证人才培养方案和课程大纲的整体质量同样十分重要。

由上述步骤及内容不难看出，如果要求教师们按照上述模式进行课程大纲的设计，目前在高校中还面临着许多的困难。对于许多教师而言，这种“反向设计”方法和学生学习中心的教学设计，不仅在理念上需要一个转变的过程，在方法上也需要不断学习，并结合高校的实际进行探索和尝试。而且，教师制定的课程大纲，也需要经过教师团队反复交流、讨论并达成共识，这就进一步增加了教师制定课程大纲的工作量和难度。

（三）课程大纲的共同制定模式探讨

“共同模式”是指结合了“专家”与“任课教师”两者在制定课程大纲方面的优势，通过各取所长而进行的课程大纲设计。

“专家”团队的优势在于能够基于对专业培养目标的把握，以及对各门课程情况的了解，在把握整体的基础上对各门课程的培养目标进行系统的设计，而这种优势是任课教师一般不具备的。因此，课程大纲中的课程目标由“专家”来撰写（即使是初稿），在理想状态下，有利于保障各门课程目标之间的衔接和培养目标的整体性。这个过程当然也应该由全体任课教师来共同参与和讨论。

由此不难推想，在课程大纲中，像课程的培养目标、课程描述或简介，课时数、开设学期等这类信息，应该由“专家”来统一撰写和制定。课程简介之所以也建议由“专家”来描述，是基于“专家”能够站在整个专业的层面上来看待每一门课程的地位和作用，这样的课程描述可以做到课程之间的前后呼应。

而教师还要结合课程的内容与学生的实际，根据自己参与讨论并“认领”的课程培养目标，进一步来设计具体的课程学习目标，并围绕着学习目标的实现，对整个课程的考核评价、学习过程等环节进行整体的教与学设计。这样的优势在于能够体现教师的教学理念、教学策略和教学方法。

这样一来，课程大纲的制定就分成了两部分，第一部分是由“专家”制定的大纲内容，它是整个课程“外显”的部分；第二部分是任课教师设计的教学部分，它是整个课程大纲中最有生命力的“内在”教与学内容。这两部分内容的“结合点”是课程的“培养目标”与“学习目标”：“培养目标”是由“专家”根据专业的培养目标通过课程矩阵得到的，“学习目标”是教师根据课程的培养目标针对学生的学习而具体设计的，“学习目标”比课程目标更具可操作、能评价的特点。

以上两部分内容组合起来，就构成了一门完整的课程大纲，它既体现了“专家”的优势，也给了教师教与学设计的主动权。

为了使课程大纲能够指导和帮助学生的学习，大纲的撰写应该用学生易于理解的语言。为此，教师可以根据学生的实际需要，对“专家”制定的课程描述或课程简介等内容进行必要的“翻译”，可以另起一段或者另外给学生一个执行版本，这样就有希望解决课程大纲对于学生学习帮助不大的问题，体现学生学习中心的课程大纲需要，同时，也能在一定程度上满足高校教学管理部门对课程大纲的某种“规范性”要求。

无论是OBE的人才培养方案修订，还是学生中心的课程大纲制定，对于国内大多数高校而言，都不是一件一蹴而就的事情。特别是，在培养目标体系的设计过程中，专业的预期学习目标和课程的预期学习目标的制定是整个OBE模式中的关键和重点，为了使专业的人才培养目标与各门课程大纲的学习目标之间，能够做到前后呼应、相互关照，需要“专家”团队与广大任课教师齐心协力，不断探索、反复打磨、持续改进，也需要学校的教务、评估以及教师发展中心等相关部门共同参与和悉心指导。高质量的人才培养方案与高水平的课程大纲是一个相辅相成的整体，是为人才培养绘制的蓝图和施工方案，也是提高人才培养质量的一项重要的基本保证。

第四章　以学生为中心的教学实施

第一节　有效教学三维模式

一、讲课的意义

“教学”是指教师引起、维持和促进学生有效学习的所有教学活动。有效讲授是任何课堂教学必不可少的，即使是在以学生自主学习的课堂活动中，不同程度上的教师讲授也是必要的。

讲课或许是最古老、最广为使用且一直占据主导地位的教学方法。讲课这一教学方法既是最简单也是最高难度的，因为简单，所以常常被滥用，讲课的难度则在于做一个高明的讲课者是非常具有挑战性的，因为“高明的讲课者以各种促进学生学习的方式将学者、作家、制作者、喜剧演员、表演者以及教师的才智集于一身。不过，大学教师中很少有人能以最佳的方式将这些才智集于一身，而且即便是高明的讲课者亦并非总是处于最佳状态，这也是事实”。

一言以蔽之，讲好课并不是一件容易的事情。在探讨教师如何讲好课这一问题之前，首先有必要弄清楚教师为什么要选择讲课。布鲁克菲尔德认为，在以下情况下讲课是一个非常必要的方法：①给一组材料勾勒出宽泛的概貌；②为学生独立学习确定指导方针；③在想要鼓励学生对待知识的态度方面以身作则；④鼓励学生对某个课题的兴趣；⑤为讨论确立焦点集中、热烈和尊重的道德标准。

关于讲课的好处，麦肯齐等人认为有以下几个方面：①提供最新知识；②概括分散在多种原始资料中的材料；③在特定的时间和地点使教学材料适合特定的学生群体的背景及兴趣；④通过提供学习方向和概念框架来帮助学生更有效地阅读；⑤集中教学各种关键性概念、原理或思想。

尼尔森围绕讲课何时是最有效和最高效这一问题列举了如下几个方面的答案：①在让学生自己尝试之前，教师想要示范一种解决问题的方法或一种高阶思维模式；②教师想要快速地提供一些课本上没有的概括性背景知识；③教师想要把非常复杂的知识讲解成适合学生接受水平而又没有其他更合适的方式时；④教师想要展示某种能说明阅读材料、课程或学习领域的教材结构；⑤教师想要在教材基础上增加个人观点或自己的相关研究内容；⑥教师想要把最新的教材内容介绍给学生，而又没有适合学生水平并可以起到同样的介绍作用的其他途径时；⑦如果教师的讲课方式很具表现力，想要激起学生的好奇心和激发学生学习的积极性。

综合以上意见，可以得出的结论是，讲课的好处和价值涵盖了认知和动机两个方面，它是必要的、有意义的，讲课在提供新知、概括和集中材料、激发学生兴趣和提供概念框架等方面都具有独到之处。

但是，与其他方法比较，讲课的有效性并不占优势。例如，一项研究指出，在一门课程结束后，讨论法在学生记忆知识、迁移知识至新环境，思考问题、解决问题等能力的提高方面以及进一步学习的动机等方面均优于讲课法。同样，印刷品也在某些方面优于讲课。由此，学生的阅读速度可以超过讲课者的讲课速度，而且一旦他们不懂，还可以再返回去读，可以跳过不相干的内容，并可以即时复习或以后再复习。究其根源，与其他方法比较，传统式讲课不可避免地更多地体现出“以教师为中心”的特征，这会导致学生的被动学习。事实上，在教学实践中，我们经常会发现很多教师以一种使人昏昏欲睡的独角戏方式把整整一个课时的时间用于对细枝末节的叙述。传统式讲课这种灌输式教育也饱受教育家们的批判，例如，巴西教育家弗莱雷曾经把这种糟糕的灌输式教育比喻成存储行为，他说：

“学生是保管人，教师是储户，教师不是去交流，而是发表公报，让学生耐心地接受、记忆和重复存储材料。”在他看来，这种教学扼杀了学生的创造性和批判性思维。

但需要指出的是，弗莱雷批判的是传统的讲授式教学。他承认讲课也有它自己独到的价值，只不过他提倡的是提问式教学或对话式教学，他认为没有对话就没有交流，没有交流就没有真正的教育。在弗莱雷看来，对话所具有的最主要特征是：对话是平行的交流；提问是对话的关键；对话需要合作。由此可见，对于讲课，教师所面临的最大挑战是怎样使讲课尽可能变得具有对话性和互动性，以此训练和提升学生的批判性思维和创造力。

二、以学生为中心的有效教学模式的三个维度

按照最新教学理念，有效教学即指经过一段时间的课程学习，在学生身上所取得的具体进步与发展，涵盖认知、情感和动作技能等领域，既包括浅层学习成果（如知识和理解），也包括深层学习成果（如应用、综合、分析和评价等）。以学生为中心的有效教学可以归结为三个维度：教师授课清晰（直接指向教学目标和内容），教师富有教学热情（指向课堂中的学生和情境），课堂上和谐的师生关系（指向课堂人际交往）。这三个维度，简单地说，也就是内容维度、动机维度和交往维度。

（一）授课清晰

授课清晰指教师向全班呈现课程内容时清晰程度很高。授课清晰的教师能清晰地、有组织地告知学生课时目标、讲授概念以及观点之间的相互联系，能使学生按逻辑的顺序逐步理解，使重点和要点易于理解。

在教学中教师常犯的一个毛病是：讲课时常常直奔抽象概念，从概念到概念，常常听得学生面露难色。在这种情况下，可能会出现教师教得很辛苦，但劳而无功的现象，因为这种授课并不利于学生的理解和接受。应

该说，清晰授课的关键之一是：教师的心里自始至终都要有学生。在考虑如何组织讲课时，多数教师首先想到的是学科内容结构，然后试图按照某种逻辑方式来安排讲课内容，太多的时候沉浸于“面面俱到”的讲课之中，却忘了问自己这对于学生的意义是什么，学生是否有兴趣，学生能否留下深刻印象。应该说，学科的逻辑结构固然是决定课程如何组织的因素之一，但同样重要的还有学生的认知结构。教师一定要了解和研究学生这一最重要的情境因素，考虑学生的需要、兴趣和已有知识结构，尽力在学生已掌握的知识和课程内容之间架起一座桥梁。

那么，如何架设这一桥梁呢？这里以对复杂主题的引入为例，教师可以在一开始假设自己对此内容一无所知，在整理相关材料的基础上，针对学生已掌握的知识和理解水平，综合运用解释、实例、证明、演示、示范、提问、比喻、概括和推理等方法，运用简明生动、通俗易懂的语言清楚地说明事物是什么、为什么和怎么样，如此，有助于加强课程内容与学生经验之间的关联。

当然，需要指出的是，清晰的教学是一个复合行为，它与许多其他的认知行为相关联，诸如内容组织、教师的知识渊博程度、对课文的熟悉程度以及授课策略的选择（如讨论、朗诵、问答或小组形式等）等。

授课清晰对于有效教学和有效学习的重要意义和贡献非常大。可以说，授课不清晰的教学必然是教学效果差的教学。有研究者对教学效果差的讲授课归纳了15个特点，其中至少有11个特点涉及授课不清晰。这11个特点列举如下：①开始讲课时没有介绍主题内容或自己的立场，只是随意挑选一个意欲讲解的主题开始上课；②没有介绍正在讨论的具体话题的大背景；③没有认识到学生的兴趣或已有的知识和精力；④过多关注某个话题的历史背景，而忽视了课程的中心内容；⑤过多重视某个主题的细节问题或自己最感兴趣的部分，而没有讲更重要、更有趣的话题；⑥一味强调个人与其他学术权威对于某些艰深的专业问题的学术争论，而没有让学生明白你考虑的问题与大主题有什么关联；⑦对术语的解释过于详细，学生课后无法马上解释给朋友听。下定义时过于具体、复杂，学生不得不逐字逐句地死记硬背，不能用自己的语言把定义解释清楚；⑧引用学术著作却不把它们与教学内容联系起来；⑨用传统或权威人物的观点论证自己的观点，但没有解释为什么权威人物这样认为；⑩使用晦涩的语言，且不加解释，不考虑学生可能不懂你的意思；⑪经常一句话未说完便中断，但在一大块内容讲解结束时却很少停顿。这些不好的特点是每个教师——无论是讲课好的教师还是正在努力讲好课的教师，都有必要对照自身加以认知和克服的，因为它们可能未必真正、完全地融入教师的意识层面并成为已经克服了的习惯，教师可能会在滔滔不绝、面面俱到的“内容覆盖”之中进入一种“忘我状态”，忘记了学生的存在，忘记了学生是否听觉疲惫，忘记了学生是否只是身在课堂而心已逃逸。

（二）富有教学热情

除了授课清晰，教师还应富有教学热情。如果说授课清晰是与教师讲授的内容有关，那么教学热情则是与讲授内容的方式有关。一般来说，富有教学热情的教师通常被描述为富有感染力、充满激情、充满活力、有启发性、幽默、有趣、激动人心、吸引人和令人愉快等。富有教学热情的教师有自己鲜明的特征，例如，教师会在讲课中加进某些真正令自己兴奋的东西，自然地在教室里四处走动，有着自然而丰富的面部表情，采用较多的姿势、手势和不同的声调和语速，不断地与学生进行眼神交流。例如，教师如舞台上的演员或演说家，学生受到的影响也和观众一样，有的令他们欢欣鼓舞，有的甚至让他们如坐针毡。在这一意义上，教学也是一种表演艺术。

教师自身的热情具有强烈的感染性。富有热情的教学有助于激发学生的学习动机，保持学生的注意力。当教师在为所探讨的主题和学生所关心的问题建立起联系时，当学生被教师所表现出来的热情感染时，教师就会在学生心中培养出这样的热情来。教师精神饱满的状态会使学生产生积极肯定和兴趣盎然的情绪，进而积极主动地投入学习：上课时注意力高度集中，丝毫没有分神；积极思考各种观点，理解抽象概念，认识它们在生活中的价值，具有参与发现过程的激情；下课时仍然沉浸于课堂之中；上课当天总是情不自禁地与他人谈论课堂内容。

这样的学习热情对于学生的发展来说弥足珍贵，这也正如罗曼所指出的：评价教学质量的最佳指标并不在于学生学到了多少，而在于教学能在多大程度上调动起所有学生的积极性，使他们能尽其所能努力学习该课程，并且取得进步——这种进步常常是一种人格的进步，远远超过了课程学习的进步。在罗曼看来，教师能否激发学生强烈的积极情感，成了高校称职教师与优秀教师的分界线。由此可见，富有教学热情至关重要，它能点燃学生心中的火种，让课堂充满生机和活力。

（三）和谐的师生关系

进一步说，课堂是一个复杂的人际交往的舞台，既涉及教师的教学领导——按照一定的路径向着目标迈进，也涉及师生的情感——各种情感反应会对学生学习产生影响。就学生的情感而言，这里面既有积极的情感（如学生对教师的尊重和喜爱），也有消极的情感（如学生对教师产生的过度焦虑和愤怒）。学生的情感进而也会影响到教师的情感和教学幸福，二者互为因果，直接影响了师生关系的和谐度。为促进学生有效学习，从教师方面来说，教学要促进学生积极情感的形成，例如，让学生感觉到教师尊重他们个人、认为他们能够做好，这种情感对增强学生的学习动机有很大的影响。

研究表明，和谐的师生关系大体可以细化为两组指标：一组是表示师生关系的形容词，如关心、爱护、友善、能提供帮助、随和等；另一组是表示能激发有效动机的形容词，如善于鼓励、有帮助、公正、耐心等。前一组显示出教师真诚关心学生并积极创造与他们交流的机会；后一组则反映了模范教师既给学生设定高目标（如具有挑战性、要求严格），又能为学生实现这些目标提供必要的帮助。

和谐的师生关系，在一定意义上可以简化为一个字——爱，即教师对所教学科和教学的热爱以及对学生学习和成长的关注。教师如果热爱所教学科，就会执着、投入地学习，拥有渊博、深厚的专业知识，表现出教学热情和感染力，进而激发学生的求知热情并取得期望的学习成果。

三、以学生为中心的三维教学模式构建探索

（一）三维模式构建的必要性

1. 现代社会要求新型人才具有创新能力。现代社会发展，对人才的要求发生明显变化，需要做到“学会认知，学会做事，学会共同生活，学会生存”，只有具备这四种最基本的学习能力，才能更好地适应未来社会发展。而高校作为人才培育重要阵地，应当围绕这四种最为基本的学习能力进行科学设计、重新组织，最终培养出会学习且具备创新能力的优秀人才。因此，高校传统教育教学模式已经无法满足当代教育需求，应当积极构建出以学生为中心的三维立体化教学模式，落实培养创新人才目标。

2. 构建新型教学模式符合高校教育实际需求。高校教育作为我国高等专业人才培养的重要阵地，在开展教育教学中，应当借助系统化方式方法，帮助学生全面地掌握本学科、本专业必需的基础理论以及基本知识，熟知并运用本专业必要基本技能、方法、知识，最终促使学生通过学习具备日后从事本专业实际工作、研究工作的基本能力。但以往高校学科教育模式较为单一，将主要目标集中在知识学习上，较为注重结论，不利于高标准人才培养目标的落实。而以学生为中心的三维立体教学模式构建，注重突出学生思维、能力的培养，更加重视教学效果、创新性，因此，符合现代社会发展下的高校教育需求。

3. 有利于提高学科教学效果。

（1）有利于增强学生主体学习意识：在传统课程教学中，教师多数以“独角戏”方式讲解内容，学生学习较为被动，导致学生在课堂上缺乏主体

意识，难以提升学习积极性、主动性，整个课堂教学效果不佳。但立体化教学模式的构建，教师可以结合学科实际内容，有效利用信息技术手段，融合理论与实践教学，在空间上促使线上教学和线下教学相结合；在教学方法上，构建多种互动教学方式，增进师生互动、生生互动，有效提高学生学习积极性；在教学内容上，融合多种形式，例如，一些网络资源、实践活动资源等，丰富课程内容，增强教学的吸引力、亲和力，进而增强学生主体学习意识。

（2）有助于增进师生沟通的有效性：传统课程多以课表为依据，在固定时间、场地进行教学，多数都是面对面进行沟通，这种沟通方式虽然较为直接，但由于课堂教学时间有限，致使沟通时间也受到限制，并且绝大多数情况的大班授课，人数较多，常规课堂教学模式教师很难控制课堂秩序，影响沟通效果。而三维立体化教学模式的构建，师生能够获得更为广阔的沟通空间，通过线上、线下，利用多种教学方式方法，最大程度上丰富师生沟通方式，有效弥补了课堂交流不足。通过充足的沟通，给教师了解掌握学生实际学习情况提供了极大的帮助。

（3）构建更为科学的课程考评方法：以往课程考核评价方式，包含闭卷考试、开卷考试、调查报告、期末论文等形式。但这些考核形式内容都较为单一，同时，考核也仅仅停留在结果性考核层面，并未重视过程性考核，很难客观真实地反映出学生实际学习效果。但三维立体化教学模式的运用，教师可以充分借助网络优势，进行线上统计，比如，章节测验、访问次数、讨论、作业和考试等权重，借助这种方式考核更加客观，也较为科学合理，而涉及课程实践部分，可以综合考量学生的创新能力、实践能力、交流能力等综合能力，进而全面提高课程考核评价科学性，增强说服力。

（二）三维模式构建思路

在明确以学生为中心的三维立体化教学模式构建的必要性后，应当从三维立体化教学模式构建入手，应当从空间上，构建线上线下有机结合的教学模式；在内容上，深化探究式思维教学模式；而在方法上，需要积极构建互动式教学模式，从而凸显出以学生为中心，使得三维立体化教学模式更能满足现代社会要求，培养出具有创新能力的新型人才。通过构建新型教学模式满足高校教学实际需求，促使学科教学效果得以全面提升。

1. 线上课程注重互动。“互联网+”时代，高校构建“线上+线下”混合教学模式已然成为当前推进教学改革的重要举措，在线上教学过程中，教师可以利用线上教学系统，引导学生讨论，在线问答，也可以利用弹幕等功能与学生互动，为获取实际教学效果，也可进行线上调查反馈，诸多方式的运用进一步加强教与学之间的互动，有助于促进师生互动、交流。教师带领学生学习相关网络课程后，可以利用平台大数据，及时了解并掌握学生实际学习进程、学习效果，可以通过线上学生操作痕迹观察学生学习动态，而后结合学生实际情况，调整、优化制定个性化的教学方案，为学生提供良好的学习指导。

2. 线下课堂教学更加专题系统。三维立体化教学模式的构建，教师需要明确的是，课堂教学依然是课程实施的“主体”，而实践与网络两部分教学作为辅助。主要是因为课堂上直接的言传身教对学生个性化成长具有重要影响，通过面对面的方式其作用更为明显。线上教学虽然充分发挥了信息技术优势，但网络学习毕竟多以碎片化学习为主，在知识链接上存在一定不足。所以，线上教学部分仍然需要和系统的线下课堂讲授之间建立密切连接，进而更好地保证教学的整体质量。对此，教师需要科学选择教学内容，科学设计教学各个过程，避免二者内容上的重复。从当前多数高校实践情况看，主要就是依据学情，全面整合课程内容，重新组成教学专题，但这并不意味着脱离原有教材大纲，而是必须紧紧围绕课程教材的重点选择专题内容。

3. 实践教学凸显情境化、全员化。高校实践教学环节，主要的目的是帮助学生将所学理论知识联系到实际，做到学以致用，知行合一。实践教学过程中，需要教师与学生之间建立良好的互动关系，教学内容也必须面向全体学生，除了课堂内可以进行实践教学，也可以有效延伸到课外，这就需要结合课程具体要求，行业实际岗位工作需求等情况，促使学生通过切身体验，加深对专业知识的了解，以端正的职业态度，将知识学以致用。但课程内容若涉及校外实践，受经费、时间、地理位置、安全等因素影响，仍是目前高校社会实践教学的短板。针对此种情况，高校可以结合自身实际，借助互联网技术，充分运用VR（虚拟现实）技术，构建出与课程内容相关的虚拟空间情境化体验，进而更好地拓展课程实践教学空间。

（三）三维模式的实践

1. 注重教学互动性，提高教学针对性。基于三维立体化教学模式，高校在开展课堂教学过程中，应当注重信息技术的引进，结合具体课程内容，助力创造情景式教学环境。一方面，高校教师可以借助当前广泛应用的网络教学第三方平台，比如，蓝墨云班课、超星尔雅学习通、雨课堂、爱课程、网易云课堂等，结合实际教学需求科学选择，而后有效运用相关教学资源，创新课程教学方法，切实提高教师信息化教学能力；另一方面，由于高校课程教学内容复杂、系统性强，学生如果只是单凭网络课程，很难全面掌握理论性知识，这就需要教师借助课堂教学，帮助学生进行系统化的总结，将网络课程所学知识整理、串联起来。此外，为进一步增强教学互动性，教师在课堂专题化教学实践中，需要充分发挥网络教学中的交流、讨论、章节练习、测试、问卷调查等互动环节优势，促使学生积极参与到学习活动中，使得教师能够及时有效地了解学生对相关内容的掌握情况，而后总结出学生在网络学习中存在的重点难点问题，并通过课堂教学加以解决。除此之外，在实践教学中，教师可以借鉴以往教学方法，如探究教学、对话教学、互动教学、体验教学、情景教学等，结合具体教学内容加以融合，借此更好地提高课堂教学互动性，有效调动学生探究思维，引导学生自主探究专业知识，进而深化对知识的理解。在多种方式方法的作用下，使得专业理论知识更加丰富、鲜活。

2．加强教师团队建设，提升网络课程个性化。现阶段，我国多数高校是统一购买网络平台，或者与第三方平台建立长期合作，以此来满足专业网络课程教学需求。此种方式确实可以解决高校专业技术问题，但非常容易出现高校网络课程平台建设相似度高的情况，直接影响到学生课程学习体验感，逐渐失去新鲜感，对学生线上学习自主性以及专业课实际教学效果带来不良影响。对此，必须加强高校教师信息化技术培训，建立一支专业的课程技术教师队伍，服务于网络教学平台的建设工作，在此过程中，高校也可以积极与同类型兄弟院校建立合作，实现教学资源的共建共享，保证线上教学得到充足的资源和技术支持，同时也能很大程度上减轻教师工作负担，促使教师自身优势更好地发挥出来。在实际建设过程中，对于网络课程的建设，高校需要注意，改变以往精品课程网站静态化展现教学资源弊端，应当设置专门的网络课程管理教师，加强网络资源的管理，做到及时更新、优化、推送，实现动态化管理网络课程。

3．科学制定实践教学计划，强化实践教学层次性。高校必须高度重视实践教学，将其充分和理论教学有效衔接，保证实践教学能够合理安排。在具体实践中，应当从以下三个层面入手：首先，高校应当借助实践教学基地，组织学生进行更加直观、能够从中获得体验的课堂实践活动，借此加强学生了解，增进对最前沿知识的把握，提高专业技能，达到学以致用；其次，为丰富学生专业知识学习，高校应当将实践教学融入学生社团活动，打造与课程教学目标、教学内容相适应，且学生乐于参与的社团主题活动；再次，高校在实际开展实践教学中，应当尝试着探索虚拟实践教学方法，依托网络构建网络虚拟实践教学模式。或者借助网络平台，设置专业的实践教学展示模块，向广大学生发布实践要求，并将优秀的实践作品展现出来，为大家提供讨论交流的机会，从而提高对各类知识的深刻认知。

4．构建多元化考核评价体系。三维立体化教学模式的运用，突出强调了以学生为教学中心，对此，在考核评价过程中，也应当注重过程化考核，关注学生学习发展性、形成性，给予科学合理的评价。三维立体化教学下的课程考核评价方式，必须改变以往“一考定终身”的固有思想，逐步构建更为多元化、立体化的考评体系。在具体实践中，首先，必须确保考核评价思想符合时代发展要求，充分凸显出以专业学生日后发展以及当前市场社会需要为价值取向。其次，必须保证考核评价内容的层次性、多元性，控制好理论与实践考核比例，注重考查学生对知识的理解和运用，避免学生机械学习，死记硬背知识点。除此之外，学校层面也需要科学设计课程平时考核的量化细则、衡量好权重，重视学生日常课程学习具体表现，如课堂出勤率、课堂表现情况、作业完成率，还要注重学生网络自主学习情况、日常行为表现等。

四、互动：以学生为中心的停顿式授课

一个可以初步形成的假设是，如果教师在以上方面表现出色，那么是最有可能在任何场合满足所有学生的各种不同的需求并使其产生最好的学习成果的。但这几个方面仅是从教师教学的三个关键要素进行的简化分析。为使有效教学充分得以实现，还需要关注停顿式授课。在某种意义上，停顿式授课也是一种互动，即在课堂上实现教师讲授与学生学习活动的结合。

有关注意力持续时间的研究表明，在讲课开始前5分钟的准备阶段里，学生的注意力是高度集中的。这样的专注力可以持续5～10分钟，然后学生会逐渐感到无聊、焦躁不安和困惑。注意力越来越不集中，记笔记的热情也逐渐下降，一部分学生会很快地入睡，直到课堂的最后几分钟才会恢复到听课的状态。也就是说，听不间断的讲课时，学生的注意力能够集中的平均时间跨度只有15分钟。但一般地，教师每次讲课的时间范围却在60～90分钟，这里就出现了一个矛盾：如果教师不停歇地讲，就显然会遭遇二者之间严重的不匹配。毫无疑问，热情、投入的教师可以延长这段短暂的注意力集中持续期。但是，除了改进讲课技能，当不得不讲课时，教师又该如何做才好呢？

当前很多研究支持和呼吁停顿式授课这一理念。所谓停顿式授课，即教师在讲课过程中每讲到一定时间就停顿下来，加入一些学生活动。譬如，教师可以每隔 15 ~ 20 分钟停 2 ~ 15 分钟，让学生进行一些主动学习活动。主动学习关注学习内在动机的激发，强调学习过程中学生的“做”或“活动”，例如，阅读、写作、讨论等，而不仅仅是“听”，注重发挥学生在课堂教学过程中的参与者角色。主动学习教学法涵盖从讨论到结构化的教学法（主要包括合作学习、案例分析、同伴互助教学、基于探究的学习、基于问题的学习和基于项目的学习等）这一连续体。在讲课的每一部分开始时，教师都可以从一个新的关键事件问题开始，以便把学生的注意力集中在下面要讲的主题上。

有这样一项实验研究，让一组学生接受一系列传统的、中间无停歇的讲课；让实验组学生听同样的课，中间有几次停歇。在讲课的最后 3 分钟里，两组学生都接受了自由回忆测试（即让学生分别写下他们能够记得的关于讲课内容的任何信息），并在最后一次课结束后的第 12 天做同样的 65 道选择题测试。在两个学期里的这两门课上，无论是小测验还是期末考试，实验组的学生都比常规方式授课组的学生表现得好得多，平均成绩高出了 17%。转换成学习术语，即在讲课时，牺牲不太重要的 12% 的内容，停下来，每次 2 分钟，可以使当前学习成绩为 C 段的学生将成绩提高到 B 段甚至达到 A 段。

上面所述的实验证明了停顿式授课的显著效果。这一实验也提示我们，在一个 90 分钟的课堂时间里，教师在讲了 15 ~ 20 分钟后应该停下来，让学生做一些活动，如回答客观选择题、解决一个难题、对比或是填充笔记、询问一个小的案例、做独立思考—结对交流—全班分享的练习，或是小组讨论等。从中可以看出，这样的停顿式授课事实上是将传统的讲课转变为一系列的微课，在每一个微课之后的课堂间歇活动中，学生是以某种方式与课程内容形成短暂的限时互动、师生互动和生生互动。这样停顿式的互动式课堂，在任何班额的课堂上都可以很好地进行。例如，在大班课堂上，教师可以让学生和他们的邻座组成临时 2～4 人小组，一起进行讨论和练习活动。采用这样的方法来定步调，一次 90 分钟的讲课或许最终会分成如表 4-1 所示的几个部分。从表 4-1 中可以看出，在 90 分钟的讲课时间里，事实上只有 45 分钟的时间是由教师自己控制——包括 2 次 20 分钟的正式讲课和最后 5 分钟的总结。

表 4-1　定好步调的讲课范例

1～10 分钟：研究学生（询问学生背景和关心的问题）
10～20 分钟：关键事件（与主题相关的事件的回顾）
20～40 分钟：第一次正式讲课
40～50 分钟：就第一次正式讲课中所提出的问题提问
50～55 分钟：放松时间
55～75 分钟：第二次正式讲课
75～85 分钟：就第二次正式讲课中所提出的问题提问
85～90 分钟：对在两次正式讲课和其间的提问时间中所涉及的主题进行最后总结

这种停顿式授课不仅仅是提高了学生的学习成绩。一项研究表明，停顿式授课提高了学生的出勤率，使课堂的参与率增加了，成倍地增加了学生间和师生间的互动，给学生提供了经常可以进行高阶思考练习的机会，教会了他们批判性地对自己的思维进行审查和辩护，改进了学习的评价形式，给学生和教师即时提供了关于他们的理解和记忆情况的反馈，提高了学生在课堂上的注意力和警觉性，加强了学生对学习教材的精力投入。

五、以学生为中心，促进有效教学的思考

（一）了解学生是前提

以学生为中心，促进有效课堂教学，就要从了解学生着手，了解学生的差异，了解学生的不同需求，是教师实施有效教学的首要条件。

1. 了解大学生的内容。

（1）群体差异：主要从时代特点、院系、专业等去了解。每个时代的

大学生都有一定的时代特点，作为大学教师不能用固有的眼光去看待当今的大学生。不同的院系、专业也有不同的特点，教学之前要对不同专业的大学生的不同特点和需求深入了解。

（2）个体差异：除了了解大学生群体差异之外，还需要了解大学生的个体差异，比如，学生的不同的智力类型、学习风格、知识经验、生源地、家庭背景等。智力差异，就大学生群体来说，智商相对较高，但依然存在智力类型的差异。每个人擅长的智力组合是不一样的。

大学生学习风格也有很大的差异，就接收信息感觉通道而言，每人就有不同偏好，有的人喜欢更多地用视觉接收信息，被称为视觉型学习者；有的人喜欢更多地用听觉接收信息，被称为听觉型学习者；还有的更多喜欢动手参与，被称为动觉型学习者。另外认知风格也有很大差异。鉴于此，老师在教学过程中应创设适应不同大学生学习风格的课堂活动。

学生先前的知识经验、知识结构也有很大差异。学生的生源地的不同也会有很大的差异，在一个班集体里，会有不同的生源地同学，由于各地教育质量不均衡，学生的知识经验背景也会存在很大差异。

2. 了解大学生的途径。在开始授课之前可以通过问卷调查加以了解，授课过程中也可以和学生谈心的形式或者跟学生班主任或辅导员老师等交流来了解学生以上的差异以及学生的不同需求。还可以通过学生的作业等来了解学生学习的情况，便于授课时根据学生情况加以调整。

（二）精心组织课堂教学是关键

1. 体现以学生为中心的教学目标。不管是从具体入手的行为目标表述还是从一般入手的认知目标表述，行为主体即学习者，行为目标描述的应是学生的行为，而不是教师的行为。因为教学目标的实现最终还是体现为学生学习目标的实现。教师设计目标时尽量避免采用大而空、模棱两可的语词，使学生明白你要传达的意图，并且要确保测试与目标有关，而不是随意设定测试题目，根据各个目标的重要性程度来加权测验，通过测验结果能清晰地看到目标的达成情况。目标不仅要注重知识和能力的提升，也要关乎学生情感的提升和行为的表现。

2. 始终注重“以学定教”。通常老师在设计教案时往往首先考虑到的是“教”的环节，不太注重学生“学”的环节，这样的结果就会导致教学中对学生“学”的活动指导的忽视，如前所述，老师认为讲完该讲的内容，授课任务就完成了。这极易导致以老师的“教”为中心而忽视了学生的“学”。所以在教学过程设计时，首先考虑到学生的“学”，把学生“学”的活动放在重心，围绕这个重心，老师考虑怎样更好地指导学生学的活动，“以学定教”，“教”的活动是为了更好地促进“学”的活动，最终通过“学”的活动体现出来。

3. 牢牢“吸引学生注意”。众所周知，注意是非常有限的资源，例如，课堂教学中，学生注意到了与教学无关的信息，就错过了教学的相关内容。因此课堂教学中老师想尽办法把学生的注意力牢牢地吸引到教学活动中来。例如，每堂课老师要明晰地告知学生这堂课要学些什么，哪些是重点，哪些是难以掌握的，课堂活动有哪些。老师在课堂上要多创设与学生生活实际有联系的问题情境，这样就会激起学生参与的愿望，激发学生的好奇心，从而引发学生的争论和思考。

大学教学中要建立必要的教学常规，教学常规的执行对维持学生的有意注意也是很有必要的，比如，上课初的师生互相问候不仅是一种课堂礼仪更重要的是有利于组织课堂教学，能使学生尽快地将注意力集中到课堂教学中。

吸引学生时刻将注意力保持在课堂活动中，还需要老师不断变换不同的教学方式，采用灵活多样的教学方法，比如，讲授法、问答法、讨论法、演示法、实验法等。重点的内容需要老师的重复和强调，以便学生对信息进行有选择地编码。语言上要抑扬顿挫、讲解内容深入浅出，从而牢牢抓住学生的注意力。教学过程的每一环节都要精心设计，采用什么方式导入、授课，包括每一个提问，每一个随堂练习都要事先设计好，做到课堂中讲授、练习、讨论等环节环环相扣。让学生在课堂活动中“忙起来”，保证师生将课堂的每一分钟都高效地利用起来。坚持“能少讲则少讲”的原则，比如，学生自学能学会的不讲、学生通过小组讨论能够解决的问题也不需要讲，比如，复习环节、课堂小结都可以引导学生尝试总结。老师需要讲的是重点和难点问题的点拨、启迪和深化，课堂上着重提升大学生的思维能力和灵活运用知识的能力。

4．灵活采用“新的教学模式”。目前，混合式教学以及翻转课堂在高校课堂教学改革中较为盛行，其目的是更好地让学生参与到课堂中，增强学生的课堂参与意识，培养学生高阶思维以及责任感。当然，由于一些新的教学模式与传统课堂教学相差甚远，一些教师在运用这些教学模式时由于自身的因素和学生的自学能力的问题，导致教学效果不佳。老师应尽快适应这些新的教学模式，对其既不是简单地套用，完全抛弃传统的教学模式，也不要对新的东西一味地否定排斥，应找到更好的切入点将其和传统的教学模式相融合。教师应树立这样的观念：只要有利于调动学生学习积极性和参与性的教学模式都要积极尝试、采纳、改革、应用。

（三）尊重学生，创设安全的、温暖的课堂心理环境是保障

尊重学生，创设安全的、温暖的课堂心理环境是以学生为中心，促进有效课堂教学的保障。马斯洛需求层次理论认为，人有缺失需要和成长的需要，缺失需要使我们得以生存，成长的需要使我们生活得更有质量。较低级的需要至少必须部分满足之后才能出现对较高级需要的追求。一般说来，学校里最重要的缺失需要是爱和自尊，如果学生感到不被尊重或认为自己无能，没有人爱，他们就不可能有强烈的动机去实现较高的目标。在学校里如果时时感到外在过多的评价和威胁，他们就会做出较“安全”的选择，随大流为测验而学习。从而丧失学习的内在兴趣。因此在教学中，教师要给予学生充分的尊重，创设安全温暖的课堂心理环境，让学生在课

堂中敢于表现自己，在表现自己时不会感到有威胁，不要让学生把上课变成一种负担，而要让学生感到课堂生活是一种享受，学生会萌生主动学习的愿望。

（四）激励学生，发挥教师的期望效应是动力

教师在教学中要不断激励学生，教师对学生要有较高的期望，尤其是对学生进行评价时，要让学生感受到教师对自己的期望，这样就会激发学生的学习动机，学生会接收到教师对自己的期望的信号，会努力朝教师期望的那样去做，这样就会形成良性循环。激励学生，同时要做好学生的专业导引者、研究指导者、成长点拨者，这是以学生为中心，促进有效课堂教学的不竭的动力。作为专业导引者，教师在课堂上要将专业美景指给学生欣赏，要用自己对专业的执着与探究的人格魅力来感染学生，这样的课堂，才富有魅力、才具有吸引力；作为研究指导者，教师在课堂上，要经常介绍科研动态的背景，为学生的初步研究做必要的准备，平时教师做研究时可以带着学生一起做，并对学生的研究尝试予以支持与鼓励；作为成长点拨者，与大学生相比，教师在专业知识、人生阅历方面积累了一定的经验或教训，大学生有需要时可以对其人生进行点拨。亲其师，方能信其道，面对自己喜欢的老师，学生在课堂上定会全情投入。

总之，在教学过程中只要高校教师有意识地把学生放在教学的中心位置去考虑、去设计、去反思，定会提高教学的有效性。

第二节 基于学情分析的有效课堂讨论

一、以学生为中心学情分析的重要内涵

以学生为中心的学情分析是要从学生实际情况出发，分析学生生活经验、知识储备、能力水平以及情感认知等方面。理论源于生活，生活现实世界是科学世界的基础，科学的世界是将生活世界一部分抽取出来加以理论化、逻辑化、规律化以及形式化。所以，对于学生来说，生活中的经验在理论学习中颇为重要。在实际生活与工作中对于具体的教学内容，教师需要对学生已经具备的哪些生活经验和小常识，进而分析学生所具备这些知识和理论储备。

二、课堂讨论问题的提出

教学活动，作为一种实践，是“人之自我建构的实践活动”。在课堂教学活动开展过程中，以学生是否参与为标准，可分为两种基本模式：一是传统讲授模式，即以传统的课堂讲授、讲解示范为主，学生是被动地聆听和汲取；二是学生参与模式，即通过各种教学方法的有效使用，让学生成为课堂教学活动的一部分。其中，课堂讨论的开展是学生参与课堂活动的途径之一。

讨论指针对某个事物相互表明见解或论证的过程，它是一种有效交流看法，形成认识，使信息增值的方法。课堂讨论，则是借助课堂的平台，以讨论的方式，将不同的信息汇聚在一起进行传递、碰撞、说服，形成有效的学习过程。就课堂讨论而言，亦有两种基本类型，一种是以教师为主体，一问一答为基本形式，学生被动地思考和参与；一种则是以学生为主体，学生主动、全面地参与其中，实现自主学习。传统教学中以教师为主

体的课堂讨论应用较多。随着我国课程改革的不断深化及课程资源的深入开发，发展学生的创造性思维成为教学改革的一个重要内容，也是教师的重要职责。事实上，每个人都有创造的潜能，关键是通过什么方法将学生的潜能尽可能地激发出来。而以学生为中心的课堂讨论强调学生自主学习能力、自我实现过程，亦成为激发学生潜能的有效途径。

所谓基于学情分析的课堂讨论，是指学生们通过对话探讨开放式的问题。教师作为对话的辅导者或向导，学生之间彼此回应。资料显示，以学生为中心的讨论基础是柏拉图式的对话，每个人叙述一个关于某个想法或某套想法的对话，在大多数这样的对话中，苏格拉底式的人物通过提问来推动对话的进行。其关键点在于，提问者并不提出难点，而是帮助学生形成观点。

以学生为中心的讨论教学，能够激发学生思考，拓展学生思维，有效培养学生的发散思维与归纳思维能力，学生不仅能够发表自己的观点，亦可听取别人的想法和提炼、分析、综合自我和他人的观点；能够引导学生形成尊重他人、聆听他人、提出质疑、有效表达的方式，从而达到合作学习、自主学习之目的；能够有效加深对教学知识难点和重点的理解与把握，形成一个有效的学习过程。对于教师而言，观察讨论的全过程亦有重要意义，能够发现学生学习过程中存在的问题，从而有针对性地进行补充和修正。

三、课堂讨论的目标

讨论并不是“为了讨论而讨论”或“为了使用而使用”，讨论有其固有的多方面目标，这些目标直接指向了某种课程与教学目标。总的来说，作为主动学习重要方法之一的讨论，它至少追求以下四个维度的目标。

（一）课程内容理解

传统讲课过于关注课程内容的呈现与传递，并不重视学生主动学习，这可能导致学生的学习成果仅停留于课程内容的单纯记忆层面，而真正的理解却未必发生。就讨论而言，虽然它在内容呈现上发挥的作用并不明显，但能够帮助学生吸收、整理从阅读或教师讲授中所获得的信息和知识，激励学生对课堂所学内容进行进一步加工，从而促进其对课程内容的理解。当学生从所呈现的课程内容中建构意义时，学生的理解就发生了。换言之，学生的理解出现在他们将新知识与原有知识建立联系之时，或更具体地说，是输入的知识被整合进了原有的图式和认知框架。学生理解的认知过程包括解释、举例、分类、概括、推论、比较和说明等，而讨论在不同程度上都涉及这些认知过程。在这一认知过程中，学生把各概念连成一张概念网络。可以说，对这样的概念网络的记忆比对一个个孤立的概念的记忆要持久得多。而且，讨论也有助于教师了解学生对课程内容的吸收与内化程度。

（二）思考技能

学习的本质不仅在于知识的记忆和理解，还在于通过对知识的学习所引发的思考。例如，美国学者罗曼提出："讨论的最大作用是教给学生学习的过程，即思考"。无独有偶，美国学者麦肯齐也曾指出："最近50年的各项权威性研究已反复证明，在讨论中学生给予的注意和思维活动都更为积极"。

讨论之所以能在极大程度上促进思考技能，其内在的机制在于讨论有助于实现以下一系列智力上的目标：①让学生探讨一系列的观点；②帮助学生发现新的观点；③强调各种问题、课题或主题的复杂性和模糊性；④帮助学生认识构成他们所习惯的思想和行为基础的那些假设；⑤提高智力上的敏锐性；⑥鼓励积极主动地聆听别人的看法。

在讨论所提供的思维交流平台之上，每个学生都可能积极表达自己的观点和仔细聆听别人的看法，方便地进入别人理解事物的阐释框架，监控自己的思考和质疑自己的假设，学会用不同的眼光来看世界，并最终促进个体与群体思维模式的形成。

（三）人际与情感

课堂讨论还蕴含着人际的、情感的目标。讨论重视创造师与生、生与生的对话教学气氛，并且讨论多采取小组分工和合作的形式，在此基础上通过求同存异而达成共识，这非常有助于培养小组的认同感，增进学生相互之间的连接感。在这一意义上，讨论具有明显的人际交流目标。此外，因任何学科的问题都可能涉及对效益、伦理与意义等一类问题的评价，这也常常会引出学生的情感、态度和价值观。讨论有助于增强学生对知识、内容和问题本身的连接感和参与感，唤起、维持和增进他们对某一主题浓厚的兴趣。如美国学者布鲁克菲尔德所言，学生将发现他们自己的意见是被听取的，他们的声音是起作用的，他们的经验是受到珍视的。如果学生感觉到自己的想法和观点有一定分量，那么他们的自我价值感就会增强，他们的自信心也会提高。这是一种令人难忘的学习经历，其效应甚至有可能影响到学生未来生活的方方面面。

（四）学生参与

讨论对促进学生参与和积极投入课堂学习特别有效，甚至可以说，正是由于一个有效的讨论有利于实现学生参与，所以才更有助于达成以上的目标维度。简单地说，学生参与即学生投入有效学习中所花的时间和精力。学生参与意味着学生主动投入学习过程之中，对自己的学习负责，成为自己学习的主人。在教师提出问题和引导下，准备讨论、进行讨论、小组总结等阶段都需要学生自行投入和组织。首先，在课前学习中，学生需要亲身经历文献的查找、阅读、理解和思考。在课堂讨论中，每一位学生都需要表达自己的观点，思考和评价其他同学的观点，从中可以发现自己思考中存在的漏洞，同时也更加明确问题的疑难点之所在。在有效讨论之后，学生对问题的认识得以进一步扩充和深化，此时结论的推出已是“水到渠成”和“呼之欲出”。学生在讨论过程中的全程学习参与，能够极大促进他们的有效学习。

四、课堂讨论的问题

问题是牵动课堂主动学习的主线。而讨论设计的问题好不好，问题质量如何，是保障讨论质量的关键，也会直接影响到学生对于课堂讨论的参与度。在课下学生的自主学习过程就围绕着这一问题，到了课堂上他们则通过讨论进一步深入解决这一问题。

学者对于问题的分类有不同的看法，但大体可以按照Bonwell等学者的方法将问题分为认知记忆型问题、聚合型思维问题、发散型思维问题和评价型问题。不幸的是，多数教师开展讨论的问题常常会落在认知记忆型问题上。就高校翻转课堂来说，如果课堂讨论的目标仅局限于知识和技能的简单记忆与操作，那么课堂上会充斥更多的知识性提问，这样的讨论是不利于学生的高阶认知技能发展的。

那么，在讨论中究竟应该如何设置问题呢？或者说什么样的问题才是一个好问题呢？应该说，不管问题类型如何，一个好问题首先应该指向学习目标。对此，布鲁姆教育目标分类及安德森修订版分类为设计讨论问题提供了有益的参照框架。布鲁姆把认知教学目标由低到高分为六类，即知识、理解、应用、分析、综合和评价，这一目标在后来被安德森小组修正为记忆、理解、应用、分析、评价和创造。按照这样的目标框架，可以针对不同层级的认知技能来设计不同层次的问题。低层次的问题适用于评价学生的学习准备情况和理解程度，而高层次的问题则鼓励学生进行批判性思考、解决问题和创造。

一个好问题除了指向学习目标，还具有怎样的特征？很多学者对问题的特征进行了研究。例如，Sockalingam等人从学生角度进行的研究表明，一个好问题具有以下11个特征，即导向恰当的学习目标、促进自主学习、激发批判性思维、促进小组工作、富有趣味、具有恰当的形式、问题清晰、问题阐述详尽、问题适切、与先前知识相关、具有一定的难度。一般来说，对于一个好问题而言，研究者高频使用的词汇是“导向恰当的学习目标”“促进自主学习”“引发思考”“问题真实或适切”。作为学习起点的问题，应该能够引出课程基本概念和原理，确保通过问题解决来达成学习目标，问题是开放、结构不良、真实和复杂的，能与学生的个人经验发生连接，并能激发学生探究的兴趣和热情。

一个好问题可以来源于案例研究、教科书后的练习题、学术论文、教师实践和大众传媒等。教师在撰写问题时，一个比较可取的，可能会激发学生兴趣的做法是，可以选择当代具有挑战性的热点议题，在讲故事的风格上可以以假设的形式给学生安插角色，同时关注语言的生动性和幽默性。

五、课堂讨论的形式

在传统高校课堂上，比较常用的一种主动学习方法是问答讨论，它是师生比较熟悉的一种最简单的讨论形式，即教师在讲课过程中随时提出具体问题，要求若干学生回答。这些问题比较简单，通常用来考查学生是否认真听讲，同时也用来促进学生做进一步思考。

除了这种问答式讨论，其实讨论还可以有很多实施起来并不复杂的形式。这里仅列举两个：一是“思考—结对—分享”，指学生成对（或多人）坐在一起，教师在课堂上提出问题，每个学生在沉默思考一段时间后，与合作伙伴讨论这一问题并达成共识，然后教师随机让每组学生向全班分享他们共同的答案；二是“三步访谈法”，其大体做法是把四人组分成两人组，A和B，C和D。第一步，A采访B，C采访D；第二步，角色交换，B采访A，D采访C；第三步，分享，即每人在四人组里分享关于他/她的合作伙伴的信息。

这两种方法都是一种小范围的组内讨论，以小组内互相交换观点并总结整个小组每个人的观点为主要目的。

而批判性辩论、“专家式”拼图和旋转式讨论，这些讨论法能够充分地保障全体学生的参与，有助于发展学生各种高阶认知技能。作为教师，可以根据班级规模、教室环境、学生和教师的不同，变出各种“变式”加以灵活使用。

第一，批判性辩论，它是一种非常有利于拓展学生思维和提升各种技能的讨论形式。研究表明，辩论在减少师生偏见、提高学生研究技能、促进逻辑思维、增强沟通技能和调动学生积极性等方面具有明显优势。批判性辩论的开展，首先需要教师找到一个有争议的问题作为辩论的主题。学生对这一问题可支持也可反对，他们可自愿选择参与辩论中的任何一方，进行支持某观点的相关准备。批判性辩论尤其适合于文科类课程的教学。例如，对作为教育学基础课程的“课程与教学论”来说，辩论的题目可以是“翻转课堂教学质量高于/低于传统课堂教学”或者“评价课堂教学质量应该是评价教师教得好不好/学生学得好不好”。当学生支持某一论点时，由于需要更多的论据对其进行支持，所以需要做出充分的准备。如果时间允许，那么教师也可以尝试使用角色逆转，即“学生们被要求去探讨某种他们觉得无法苟同的、不道德的或是索然无味的思想，或是采取这样的一种立场”。对被批评者来说，为应对批评者的攻击以捍卫自己的观点，一个好的方法就是要完全了解和完全懂得批评者的思路，所以，角色逆转这种尝试可以帮助被批评者预测批评者的主要观点，并准备好一份更有可能说服批评者的辩护状。在辩论后，教师可以组织学生进一步讨论，并请参与者完成一篇关于辩论的后续思考论文。

第二，全班性讨论——“专家式”拼图与旋转式讨论。“专家式”拼图的大体做法是，教师可以把一个概念分为若干个主题，每个学生成为这些主题之一的“专家”，学生需要花时间在课前或课上学习其选择的主题，以发展所需的专业知识。同一个主题的学生“专家”组成小组，进行讨论，提出问题，探索彼此对这一主题思考中的异同。当这些学生“专家”汇总了他们的想法后，人员进行流动，组成新的小组，这些小组包括每个主题的学生“专家”代表。每一个学生“专家”都需要轮流带领其他人讨论他们的主题。这些新的小组依次理解该主题并进行表达，最后汇总成为一个大的总结，也就是对于这一概念的总结。旋转式讨论与“专家式”拼图很是相似，其大体做法是，将一个概念拆分成若干个问题，分配给每个小组。

将整个班级视为一条线路，每个小组设定为一个车站，各小组在限定时间进行讨论，并将小组的观点记录下来。然后每个小组依次移动到一个新的小组车站，两组结合各自小组的观点继续讨论。这样不断旋转下来，直到每个小组都讨论过每一个问题。通过这种旋转式讨论，汇总出来的观点将更加全面，而且在一定程度上能够保障每个小组都对每个问题进行了较为深入的了解。

六、课堂讨论的策略

虽然说学生是学习的主人和主体，但这并不意味着教师工作量的减少。尤其是涉及课堂讨论时，为了使每位学生都参与进来，引导学生清楚地表达观点并对其他学生的观点做出评价和反馈，使整个讨论过程得以顺利进行，教师还需要采取相应的策略。

（一）明确开展讨论的目的

当教师决定在一门课中全部或部分使用讨论方式时，教师需要非常清楚地了解：讨论为什么要实施？欲在课程内容、思考技能、人际和情感上实现怎样的目标？讨论中学生应该达到怎样的参与度？讨论的问题需要被解答到什么程度？如此，才能避免针对无谓的问题进行讨论，避免为了讨论而讨论。

（二）讨论前做好充分准备

为促进有效讨论，学生和教师都需要做好充分的准备。对于学生来说，在翻转课堂中学生在课前的工作是完全自主学习，课上可能直接进入讨论，学生如果不进行课前准备，那么讨论恐怕是无法为继的。对于教师来说，教师在学期一开始最好就利用一部分时间进行讨论，例如，可以做两人一组的练习，让学生体会一下以后将要采取的讨论形式，从而提早让他们做好思想准备，在以后接到教师要求时能够做出积极回应。而且，教师需要精心设计讨论的问题、讨论的形式和讨论的环节。教师也要为学生布置好所需要阅读的材料，要保证学生在见面之前能够参阅一些共同的材料。这样，他们就会有一些共同的概念、思想、事实材料和解释，这些东西可以在他们参加讨论时给他们提供信息。这样就减少了讨论在无关紧要的支流中漫无目标地穿行的危险。

（三）避免有“指导”或“佯装”的讨论

教师要避免有“指导”或“佯装”的讨论，因为有“指导”或“佯装”的讨论并不利于有效讨论在未来课堂的可持续发展。诚如美国学者布鲁克菲尔德所言，如果你开始了被认为是自由开展的讨论，你要求学生们在讨论中通过合作性探寻的过程来创造意义，而你私下已经定好这些意义将会是什么，这从根本上来说是不诚实的。一旦学生意识到讨论正在朝你心目中的那个观点前进，他们的兴趣就会减退。

（四）讨论过程中的控制与评价

在一定程度上，有效讨论的开展也建立在课堂规则的基础之上。对此，布鲁克菲尔德的相关建议非常值得一提。他提出，教师可以在课程一开始就拿出时间来和学生专门讨论一个好的讨论应该包括哪些因素或具有怎样的特征，例如，可以引导学生回顾以前参加过的好的讨论和差的讨论，想一想这样的讨论为什么对自己来说是一种很好的经历或令人失望的经历。一般来说，时间的控制是讨论规则的重要方面，不但要对学生的发言时间做出限制，还要给教师预留出必要的时间以进行补充、反馈和评价。为保证讨论在时间上的顺利流动，当学生讨论偏离主题时，教师需要及时提醒并将讨论带回到关键的问题上。此外，在整个讨论过程中，教师要以和善、尊重的姿态予以引导和评价，多使用激励性词语，使学生始终处于一种放松状态，从而真正享受到讨论的乐趣和优势。

七、有效课堂讨论的构成要素

有效通常被解释为有效果、有成效、有效用。有效的对象通常是人或者事，而对某事有否效果归根结底还是对人是否有效。所以一定程度上，判断一事或一物是否有效，常常不自觉地带有主观色彩，绝对的客观有效几乎难以寻觅。某种意义上说，对有效与否的判断具有相对性。从教学实践出发，有效课堂讨论体现在预期教学目标的实现，体现在学生课堂上主动、真实地参与其中，体现在对学生自主学习能力的激发，体现在学生形成具有创新性、创造力的观点等方面。通常而言，以学生为中心的课堂讨论有四个基本构成要素，即组织者、参与者、讨论素材、讨论技巧。

（一）讨论组织者

讨论组织者即授课教师。以学生为中心的课堂讨论里，教师的角色定位要清晰，教师并非课堂的中心人物，而是一个组织者和旁观者。在有效的课堂讨论中，对组织者通常有以下要求：一是课堂讨论之前的精心设计，包括讨论主题的选定、讨论素材的选择、讨论方法的设计等；二是课堂讨论之中的适时引导，从而确保课堂讨论的氛围热烈而和谐，有对抗性的同时言之有理、言之有物，激发学生潜能；三是课堂讨论之后的自我反思。叶澜教授曾经讲过，一个教师写一辈子教案不一定成为名师，如果一个教师写3年反思就有可能成为名师。善于反思，记录课堂讨论过程中的所得、所失、所感，不断进行调整和完善，长此以往定有聚沙成塔之收获。

（二）讨论参与者

讨论参与者即学生。在以学生为中心的课堂讨论中，学生是课堂活动的中心，是促使讨论向纵深开展的主导者。通常对讨论参与者有以下的要求：一是对讨论素材的深刻理解，讨论素材的提供有两种方式，课前提供和课上提供，无论何种方式，有效讨论的开展均建立在学生对讨论素材的深刻理解之上。二是对讨论主旨的有效表达，参与者积极的表达是讨论开展的必要条件，难以想象无人发言的课堂会形成有效的讨论。但发言应当是围绕讨论主题、理性思考、善于表达的。三是对他人观点的充分尊重，讨论的过程实际是对抗和激发的过程，不同的观点会形成思维碰撞，这也是讨论的意义所在。参与者应当做到表达自我观点，尊重他人观点。

（三）讨论素材

讨论素材的准备是有效讨论的核心。在教学中，讨论的素材基本可以分为理论类和实践类。以侦查教学为例，理论类，如“依靠群众工作方针的开展”，通过讨论，让学生深刻了解到侦查工作中群众工作的历史、重要性和重要的现实意义，甚至可以延伸至现阶段侦查工作中“群众工作”面临的难点和有效突破的途径等；实践类，如在“犯罪现场分析”中，可以将实际案例的报案情况、现场勘验情况、初步调查访问情况等介绍给学生，组织学生对犯罪现场进行观察、思考、推理等，结合所掌握的侦查专业知识得出相应的结论。为确保课堂时间的有效运用，教师亦可将需要讨论的素材提前下发给学生，让其在课前进行充分的了解和准备。

（四）讨论技巧

讨论技巧的使用是有效讨论的必要。通常的讨论技巧包括：一是开放问题的设定。以学生为中心的讨论，在精心选择讨论素材的基础上，应当提出开放性的问题。如果问题的答案过于明确和直接，则无法激发有效的讨论。二是教学环境的选择。为有效开展课堂讨论，有必要将日常教室进行一定的布置，形成圆桌式或者分组式，能够让参与者之间更好地进行眼神交流、语言交流等。三是时间和人数的控制。一般而言讨论课程时间设定在45分钟到1小时，人数控制在一个小组10人至15人。通常一个本科班级40人左右，可以分为4个小组同时开展。四是讨论方法的使用。巴姆揭示，使一种研究成为科学的那种东西，不是这种研究所涉及的事物的本性，而是这种研究用以处理这些事物的方法，科学的本质在于方法。显而易见，有效和严密的方法是实践目的的重要保障。好的讨论素材加上好的讨论方法，则可能达到出乎意料的教学效果。教学实践中容易出现的问题是重视讨论素材的准备而忽略讨论方法的设计。为有效组织课堂讨论，教师需要运用各种讨论方法，如“鱼缸”技术、情景模拟研讨、录像回放点评等。

由此可见，以学生为中心的课堂讨论的有效开展离不开组织者、参与者角色的准确定位，讨论素材的恰当选择，讨论技巧的合理运用。

八、确保讨论效果的建议

为确保以学生为中心的课堂讨论效果，教师在设计和组织课堂讨论时要考虑以下四个方面的内容。

（一）充分联想的思维碰撞

以侦查教学的课堂讨论为例，侦查活动的本质是从已知到未知的探究，其间充满着智慧、创造、谋略等。侦查专业教学则要通过多种方式充分培养学生的以上潜质。在以学生为中心的课堂讨论中，要求参与的学生在掌握基础理论的基础上，突破传统思维，充分展开联想，实现信息汇聚碰撞，有足够宽广的思考和想象，从而实现思维不断深化，在对一个问题寻找多种解答过程中培养形成创造性侦查思维。

在此过程中，教师要注重培养学生的“完善”能力。首先，学生要充分联想，形成自我观点；其次，学生要勤于、乐于并善于在别人的基础上，对各种设想进行综合、改善，从而形成更有价值的设想；最后，一个小组可能形成若干结论，参与者能够不断深化、不断探究、不断联想、不断碰撞、不断完善。

（二）民主和谐的氛围维护

要在课堂讨论中实现思维碰撞，前提是学生能够畅所欲言。常见的制约因素有学生对讨论问题理解得不深入、讨论过程中主题偏离、学生之间发生的讥讽、讨论中的人身攻击等。对于讨论问题理解不深入造成的讨论不热烈或者无法有效讨论，组织者则需要中断讨论或者重新解读讨论问题；对于主题偏离的讨论，组织者则要注意及时地引导讨论方向；对于讨论过程中发生的讥讽或者攻击，组织者应当制止并强调课堂讨论过程中“平等、支持、尊重、信任”应当贯穿自始至终。为确保课堂上民主和谐氛围，组织者可运用多种技巧，如“红、黄牌策略”“轮流发言”“指定发言”“眼神交流”等。

（三）延迟评判的原则掌握

在以学生为中心的课堂讨论开展过程中，教师并非教学活动的中心，而是组织者和参与者，在课堂讨论的过程中开展适时的引导，尤其要注意教师“评判”习惯的抑制。换而言之，教师要习惯定位于“旁观者”而非“结论者”，要参与的学生在充分联想、畅所欲言中充分感受到思维的乐趣，激发其创造性。

在教学实践中，我们会感受到学生的创造性的观点不是一开始就形成的，需要一个不断诱发、不断深化和不断完善的过程，甚至是一个不断自我否定、不断自我完善的过程，甚至一些想法在开始提出时似乎杂乱无章、自相矛盾，却可能蕴藏着很好的创意和极高的价值，还可“抛砖引玉”，诱发出更深刻的理解和更有效的途径。因此，教师在此过程中，不能轻易地打断、评价，而是根据讨论的节奏进行适时的引导，维护热烈而和谐的学习氛围。

（四）合理考核的规则设定

为确保课堂讨论的真实参与性，有必要把学生参加“课堂讨论”的态度和表现纳入教学评价体系。本科教学中所面对的教学对象，处于人生观、价值观形成的重要时期，善于接受新知识，对新生事物感兴趣。当他们的学习活动得到肯定时，会更加兴奋，产生更强烈的兴趣，内在则表现为倾向于喜欢学习，外在则行为上表现得更积极。教师将学生参加课堂中“课堂讨论”的态度及表现纳入教学评价有助于学生对自我的了解。

基本的考核方法有两种，记录每一名学生的讨论成绩或者记录每一组的讨论成绩，前者强调个体表现，后者更多是团队的合作。

九、让学生发声：高校课堂讨论式教学模式

（一）科学恒定，明确讨论主题

在高校课堂中实施讨论式教学，首先要明确讨论的主题和内容。这就要求高校教师从教材出发，认真学习教学大纲，认真通读教材内容，明确界定讨论课内容。同时，高校教师要从学生实际出发，评估分析学生的兴趣点和知识基础，使讨论的内容和学生的实际尽可能一致，缩小实施中可能存在的不对称。具体而言，从科学恒定的角度来看，高校教师要在充分研读教学大纲和深耕教材的基础上，在尊重教育规律和学生成长发展规律的基础上，在通过谈话或者问卷了解学生兴趣点、关注点和知识现状的基础上，从教材中选定讨论课程和内容。从明确讨论主题角度来看，要求讨论的主题具有科学性、启发性和辩证性。科学性就是要求所选定的主题具有一定的科学内涵和价值，通过师生积极互动和充分热烈的讨论，发现问题中的规律和真理，从而达到科学认识问题的目的。启发性就是要求通过对问题的讨论，能开启学生的思想，陶冶学生的智慧，增进学生对国家、社会、政策的认识，从而达到在内心深处对某个问题从无知到知之、从少知到多知、从知之到熟知的目的。辩证性就是要求所选的主题在讨论的过程中可以一分为二，既能指出其优点，也能看到其不足；既可以看到现实问题，也可以看到发展方向，从而引导学生立足现实，明确要解决的问题。

（二）规范引领，实施高效讨论

在确定好讨论主题的基础上，高校教师在课堂教学过程中要对学生进行规范、有针对性的引领，明确讨论要解决的问题，运用恰当方法和手段组织学生进行讨论，并及时对学生讨论的问题进行引导，真正实现课堂教学高效率、高质量、高目标。首先，要确定讨论解决的问题，带着问题引导学生进行有针对性的讨论。讨论的目的是解决问题，缺失目标的讨论注定是无效甚至是没有主题的“家常会”。其中，讨论所要解决的问题主要包括教学大纲规定的重难点问题、学生内心存在的疑点问题以及与所讨论问题相关的社会焦点问题。其次，要有计划、有组织地实施讨论。在预定的时间内，学生们围绕教师布置的讨论任务，经过认真思考后将个人的观点进行陈述，其他学生可进行补充和修正。在对问题进行讨论的过程中，教师要有针对性地进行指导，包括鼓励学生们可以从不同的角度来思考问题，用不同的语言和表达方式来表达和陈述观点，还可以引导学生在头脑中形成思维框架并对条框进行整理和记录，也可以引导学生用思维导图表达自己的观点。在讨论的过程中，教师要根据学生和班级的实际情况，分成大组或者小组进行讨论，对于人数比较少的班级，对问题的讨论要尽可能覆盖全体学生，对于人数较多的班级，可以通过分组推荐代表的方式进行讨论，其他学生都有机会进行追问、补充、修正和完善。最后，要斧正讨论中出现的偏颇问题。对于抛给学生讨论的问题，教师要学会收放自如、灵活处理、自圆其说。教师要有能力对学生讨论中出现的偏颇或极端问题进行及时化解，使学生的思想或者观点步入正轨。这也是对高校教师师德和立场问题的考验。

（三）精准施评，提高讨论质量

高校课堂实施讨论式教学，不是作秀，不是走形式，更不是走过场，而是要通过实实在在鼓励学生参与讨论的方式，提升学生对高校课堂的热情和参与度，培养学生的独立思考能力，挖掘学生的内在潜质，健全学生的独立人格与个性。因此，既然将讨论课作为高校课堂教学改革的一个方向，就要采用相关的评价手段，制定科学的评价量表。从评价手段的方面来讲，就是要求教师在组织学生的讨论课时，要事先有计划地在备课过程中将评价方法和评价手段灵活融汇在讨论课教学过程中，具体要做到评价主体多元化、评价手段多样化、评价方式灵活化。评价主体多元化是指在高校课堂讨论课教学中，教师要建构师生互评、生生互评、师生自我评价体系，做到评价主体多元化。评价手段多元化是指在讨论课教学中，教师要将语言评价、肢体评价、表情评价、物化评价、符号评价有机结合起来，避免评价的单一化和枯燥化。评价方式灵活化是指在讨论课教学中，教师要将即时评价与延时评价、定性评价与定量评价、过程性评价与终结性评价有机结合，灵活运用，力争做到评价方式灵活多样。从评价量表的制定而言，教师要想对学生的发言讨论和讨论课的整体质量做出一个客观、科学、系统的评价，就需要有一定的客观标准。一般来讲，高校讨论课课堂评价量表的制定要从实际出发，主要包括师生是否准备充分，教师的教学组织能力，学生的参与状态，讨论观点是否正确，教师是否及时引导纠偏，课堂教学评价的使用，教学效果反馈状况等几个方面。其中，各方面可以用赋分的方式进行量化，各部分分值的确定要分配合理。依据讨论课课堂评价量表，可以使高校课堂讨论更具有针对性和目标性。讨论课课堂评价量表可以更加严格规范讨论课教学，在调动学生们积极参与课堂的同时，更能严格规范教师的教学行为，更好地引导学生克服消极思想，树立积极正确的观点和理念。

（四）强化支持，完善讨论模式

高校课堂实施讨论式教学是高校教学改革的重要组成部分，它和翻转课堂、同课异构、辩论课堂有异曲同工之妙，其目的都是提升高校课堂的趣味性，提高学生的参与性，增强课堂的效度，从而达到提升实质性教学目的的要求。在高校课堂中实施讨论式教学，主要是为了实现四重目标：参与目标、思考目标、创新目标、建构目标。实施讨论式教学，不仅能使师生在乐学的状态中轻松完成教学任务，而且在学习过程中学生们能认真思考、敢于质疑，及时化解自身的疑点、难点、焦点和热点问题，从而在学生内心深处建构稳定的观点和理念。由于高校课堂实施的讨论式教学属于一种开放性的教学，它需要师生双方做好充分准备，教师和学生在课前都要花费一定的时间酝酿和思考问题。这对于传统教师主导下的“填鸭式”教学来讲，无疑是一个巨大的挑战，因此在实际实施过程中充满了各种不确定性。

要想真正落实和回归高校教学“以本为本”的要求，就有必要强化高校课堂讨论式教学，不断完善课堂讨论的教学模式，使高校课堂讨论式教学模式从小维度走向大格局，从理性耕耘变为具体行动。具体而言，首先，要转变思想。要真正实施和推行高校课堂讨论式教学，一个大前提就是要做好广大教师的思想工作，使其从思想上认识到尽管实施讨论式教学可能会多花费一些时间，但是从增强课堂凝聚力，增强师生的成就感、获得感以及提高高校课堂教学质量而言，有必要大力推广。同时，从提升教师自身价值的角度而言，讨论式教学可以增强教师工作的积极性，让教师的存在感和尊严感大大提升。其次，要强化行政支持。高校课堂讨论式教学要想真正铺开，既需要时间、人力、物力的支持，也需要相关部门的支持。因此，相关部门要在时间和条件上予以鼎力相助，满足课程改革所需的各项条件。为高校课堂改革提供强大的行政支持，除了人、财、物和时间之外，还需要充分利用媒体的力量，对高校课堂讨论式教学的成功做法和经验进行大力宣传和推广，并使其成为高校课堂教学改革的一张成功名片来进行传播。再次，建构激励机制。对于在高校课堂讨论式教学过程中有独到见解且取得一定成就的教师，要建构积极的激励机制，在对其进行适当物质和精神奖励的同时，将其课程作为示范课、模范课、优质课推广出去。

最后，强化完善讨论式课堂机制。由于高校讨论式课堂教学对于绝大多数教师来讲还是一个新生事物，在实施的过程中难免会遇到这样或那样的问题，因此，在尝试和实施高校课堂讨论式教学模式时，要不断思考、不断摸索、不断总结、不断成熟，使高校课堂讨论式教学在实践中不断得到强化和完善。

第五章　以学生为中心的教学实践

第一节　以学生为中心的教学——大班教学

一、高校大班课堂有效教学的实证研究

在高等教育大众化背景下，大班教学已经成为国内外高等院校普遍采用的教学形式。大班其实是一个相对概念。对大班最低人数的规定比较宽泛，从16人到100人不等，也有人认为班级规模其实是一个主观感觉的问题，即教师在教学中要给予学生个别的关注，是否发现存在学生数量与资源之间的紧张关系。有很多研究结果和政策文件把15人视为最佳班级规模，认为当班级规模达到这一标准时，教师更可能记住学生的名字，学生和教师的行为都会发生质的飞跃，并导向好的学习成果。例如，有研究发现，那些在每个学期选择至少一门小班课（倾向于15人以下）的学生表现出更多的学习投入。这表明班级规模存在一个临界值，班级规模如果低于这一临界值，其优势或意义将会放大。

与小班教学比较，大班教学具有节约教师成本，有效利用教师时间、精力和资源以及学生学习经验可标准化等优势。例如，美国一项研究指出，在斯坦福大学，一个60人教学班每学期的生均成本为296.88美元，而一个180人教学班每学期的生均成本为148.35美元。可以看出，大班教学在降低生均成本上的优势是非常明显的。

然而，大班教学在不同程度上也存在一些共性问题。通常，大班教学

在本科一、二年级的基础课程上被普遍采用，但是对于习惯于在中学阶段接受小班教学的学生来说，他们在进入大学以后首先就要面临适应大班教学组织方式的问题。另一个突出问题是，在大班教学中容易出现教师满堂灌和学生被动学习的现象。如果学生在大学生活的初始阶段被训练成被动学习者和信息接收者，那么当他们进入高年级学习时，很可能适应不了实现高阶认知教学目标的课程要求。学生在基础课程阶段的知识掌握、能力发展和学习动力如何，将直接影响他们在整个大学阶段的学业成就，并可能进一步影响他们在未来的就业和个人发展。

针对我国国情之下高校大班教学这一主题，以下问题还有待于进一步研究：第一，当前我国高校大班教学的现状如何？存在怎样的问题？第二，大班教学与小班教学在效果上真的存在差异吗？

（一）研究方法

研究所使用的数据来源于对某大学基础教育学院本科生的一项关于高校大班教学的问卷调查。此次问卷调查采用的抽样方法是在某一上课时间点抽取2个选修人数在100人以上的通选课大班，2个班级的全体学生构成调查样本。之所以选择通选课，原因在于该校很多通选课的课堂规模都在100人以上，学生全部来自一、二年级，而且每门通选课上来自各个学科的学生均有分布。本调查共发放400份问卷，回收有效问卷299份，有效回收率约为75%。在本样本中，一年级学生占65%，二年级占35%；男生为65%，女生为35%；学生的学科分布是工科占65.7%，理科占10%，文科占23.6%。从学科和性别构成来看，样本学生与该校学生的总体构成是非常接近的，应该说，样本具有一定程度的代表性和随机性。

问卷采取学生自我报告行为和观点的方式，由封闭性问题和开放性问题共同组成。问卷主体主要涉及学生对大班课上教师教学行为的评价、大班课上学生参与行为的自我报告、学生对大班教学和小班教学满意度的自我报告等。经SPSS13.0统计分析，问卷信度系数为0.93。

（二）研究结果

1．大班课堂的“教”与“学”。

（1）课堂规模与课程类型：关于大班课堂规模，不同学者有不同的论述。那么，在学生眼里，究竟多少人以上的课堂规模是大班呢？调查问卷数据显示，有32.7%的学生认为是100人以上，有21%的学生认为是80人以上，有17.7%的学生认为是120人以上，有14%的学生认为是200人以上，此外，还有11.3%的学生认为是60人以上，1.3%的学生认为是30人以上。也就是说，有96.7%的学生认为大班教学的课堂规模是60~200人。

若将100人暂定为大班教学的课堂规模下限，则有69.5%的学生认为自己在大学上过的所有课程中，课堂规模在100人以上的课程占到一半以上。

数据显示，有近90%的学生认为课堂规模合适的范围应该是在15~100人，只有不到10%的学生，选择15人以下或100人以上。从学生角度来看，他们普遍认为100人以上的课堂规模偏大，而他们普遍喜欢的课堂规模是100人以下。

一、二年级本科生在大学前两年学习的课程主要是基础课程，包括外语、政治、体育、军事理论、通识教育选修课、其他公共基础课，以及少部分大类基础课和专业课。调查结果显示，87.5%的学生指出通识教育选修课的大班课堂比例相对较高。同时，分别有62.3%、53.9%、51.5%和45.8%的学生认为大类基础课、军事理论课、政治课和其他公共基础课中大班课堂的比例也相对较高。

（2）教师的“教”：教师是有效教学的重要载体，教师教学行为和学生课堂学习的投入程度对大班有效教学的效果有着关键性的影响。研究从教学准备、教学热情、教学要求、授课清晰、课程内容、教学方式方法、学习兴趣激发、课堂气氛和作业布置等方面考察教师的教学行为，均以“非常同意”“同意”“有点同意”“不同意”四个等级来反映学生的感受。

总体来说，对于教师在大班课堂上的一系列教学行为，学生基本持肯定的态度。学生选择“同意”或“非常同意”的比例达到50%以上的题项是“教师上课准备充分”“教师能有效或适当使用PPT”“教师授课清晰”“教师富有教学热情”“课堂秩序良好”“教师教学要求严格”；在“课堂气氛活跃”“课程内容引入最新研究成果”“教学能激发学生的学习兴趣”“教师采用多样化的教学方式”等方面，学生选择“同意”以上程度的比例都低于40%。就学生认真听讲而言，选择“同意”或“非常同意”的学生仅为40.6%。由此可见，多数教师在进行大班教学时仍然以教授知识为主，在营造充满活力的课堂气氛、鼓励和激发学生兴趣等方面显现不足。

（3）大班课堂上的学生参与：教学是一种师生双边活动，既包括教师的教，也包括学生的学，而学生的学是中心，教是为了学。学生的学习在真正意义上发生的一个基本前提应该是学生在课堂上能够主动参与和投入。那么，在大班课堂上学生课堂参与情况如何呢？表5-1中的数据显示，在大班课堂上学生参与呈现了整体低水平的态势，尤其是在演、课堂上和同学进行讨论或合作两个方面。虽然学生在大班课上“经常”或“很经常”缺勤的比例偏低，但他们“集中注意力”的频率还处于较低水平，因为选择“从未”或“有时”的学生达到41%。此外，还值得注意的是，学生在大班课上还遭遇视听的障碍，因为有接近30%的学生在“看清楚黑板或PPT”和“听清楚教师讲课”题项上选择了“从未”或“有时”。以上题项相互作用与影响，也与教师诸多教学行为相互作用与影响，其结果共同导致了学生在大班课堂上学习参与和学习投入的不足。

表5-1　大班课堂上的学生参与（%）

项目	从未	有时	经常	很经常
演	42.3	49.7	6.0	2.0
和同学进行讨论或合作	13.7	60.7	22.6	3.0
缺勤	53.5	40.1	4.7	1.7
集中注意力	2.3	38.7	46.0	13.0
看清楚黑板或PPT	2.7	24.4	40.8	32.1
听清楚教师讲课	1.6	26.0	45.7	26.7

2. 大班教学与小班教学的比较。此次研究在问卷调查中还请学生对大班课堂与小班课堂的教学进行了比较，重点考察了学生视角下两者在教学目标、教学方法和教学评价等方面的差异，同时还将学生对大班教学和小班教学的满意度进行了比较。

（1）目标的异同：该调查对教学目标的设计以布鲁姆教育认知目标分类为基础，从知识、理解、应用、分析、综合和评价六个方面考察教学目标。

从六项考察教学目标的题项得分平均值来看，一方面，无论是在对知识和理解等相对低阶目标的关注，还是对应用、分析、综合和评价等高阶目标的关注上，大班课堂教学对六项教学目标的强调程度均低于小班课堂教学。采用配对样本检验比较学生对大、小班课堂的感受，结果表明大、小班课堂的教学在知识、理解、应用、分析、综合和评价等项目上均存在极其显著的差异。

另一方面，尽管大班课和小班课在教学目标上存在上述差异，但无论大班还是在小班，教师对于低阶教学目标的强调程度都高于对高阶教学目标的强调程度。

（2）教学方法的异同：第一，无论是在大班课堂还是小班课堂上，作为主要教学方法的讲授法都有高频使用；第二，在大班课堂上，“教师朗读PPT”的频率明显高于小班课堂；第三，在“课堂讨论”以及“课堂讨论效果好”项目上，二者在大班课堂上的频率都明显低于小班课堂。通过配对样本检验，其结果显示，除了在“以讲授法为主”（$p>0.05$）这一项目上大小班没有显著差异，其余各项如“教师朗读PPT”“课堂讨论”以及“课堂讨论效果好”等，在大、小班之间均存在极其显著的差异。

（3）教学评价的异同：大班课在“对学生的评价和反馈及时或经常”和“学习评价采用过程考评”上的得分均低于小班课。进一步检验的结果表明，大班和小班在以上两个项目上存在极其显著的差异（$p<0.01$）。研究结果再一次证实，学业评价和反馈问题是大班教学存在的一个固有实际难题。

（4）满意度的差异：调查结果显示，学生对大班教学的满意度非常低，只有28%的学生对大班教学有很高（3%）或较高（25%）的满意度，有56.7%的学生对大班教学的满意度为“一般”，还有15.4%的学生对大班教学的满意度为较低（12.7%）或很低（2.7%）。相比之下，学生对小班教学的满意度非常高，有66%的学生对小班教学有很高（2.3%）或较高（62.7%）的满意度，有22.3%的学生对小班教学的满意度为“一般”，还有2.7%的学生对小班教学的满意度为较低（2%）或很低（0.7%）。进一步的配对样本检验表明，学生在对大班教学与小班教学的满意度上存在极其显著的差异。

3．影响课堂教学质量的关键性因素。本书进一步对影响高校教学质量的关键性因素进行了探索。分析结果表明（表5-2），从学生视角来看，影响教学质量的三个最关键因素是学生自身努力程度、教师授课清晰和教师富有教学热情；相比之下，班级规模反而并不那么重要。换言之，无论是对大班教学还是小班教学而言，学生对“学”的投入和教师对“教”的投入都是影响课堂教学有效性最重要的因素。

表5-2　影响课堂教学质量的关键性因素（%）

影响因素	百分比
学生自身努力	46.5
授课清晰	43.8
教学热情	43.3
注重思维训练	38.6
课程内容新颖/实用	33.4
教学互动	20.4
班级规模	14.9
备课充分	9.0
教学要求严格	8.9
提供自学机会	7.6

续表

影响因素	百分比
有效使用PPT	5.5
充分利用网络平台	3.4
其他	0.3

（三）结果讨论

大班教学是我国高校普遍采用的一种教学形式，它是高校对高等教育大众化在班级规模上所做出的一种选择和回应。对一、二年级本科生教育而言，大班教学更是人才培养的主要渠道和形式。此次研究目标在于通过对一、二年级本科生教学的问卷调查，具体描述大班教学的现状和问题，检验大班教学与小班教学之间的差异，以探究班级规模对本科教学质量的影响，并进一步发掘背后深层次的动力机制。

1. 大班课的“教”与“学”。调查研究结果表明，大班课堂“教”与“学”存在以下主要问题：一是教师在进行大班教学时以教授知识为主，而在课程内容引入最新研究成果、课程内容联系实际、课程内容有吸引力、课堂气氛活跃、激发学生的学习兴趣、采用多样化的教学方式、引导学生自主思考、关注教学互动、课堂考勤制度严格、作业具有研究性和作业鼓励创新等方面显得相对薄弱；二是大班课上的学生参与和投入学习的整体水平偏低，同时还会受到非先天因素造成的视听障碍的不良影响。

大班课堂对教学效果存在一定负面影响，体现在教学目标、内容、方法和评价等各个方面。由于讲授法在大班课堂教学中占据主导地位，因此应用、分析、综合和评价等高阶教学目标的实现就显得十分不足。有研究表明，讲授法在教学目标上实现的主要是信息的记忆，学生所面临的其他能力的挑战极其有限。讲授法在教学效率上存在一定优势，但同时也会造成教师占据课堂中心和学生被动学习的问题，使学生很难形成师生“学习共同体”的意识。在以讲授法为主的课堂上，教师过多地讲授不利于课堂上围绕学习而开展的人际互动，容易引发学生注意力不集中等问题，影响学生在课堂学习的深度和效果。因此，在现有条件下如何改善和调整教室布局就显得尤为必要。为促进师生交流互动和减小空间距离感，可以对教室空间进行重新设计，例如，桌椅可以摆成圆形或半圆形，同时教师适度增加在讲台上或在教室里面的走动，同时还可引入小组讨论等新颖生动的教学方法。此外，针对教师PPT使用中所存在的问题，教师应该加强自身PPT制作的基本功并适当使用PPT，用清晰、简洁、美观、大方的PPT吸引学生的眼球，尽力避免把PPT当成课本使用，避免朗读PPT，这些方面的充分实现，对教师教学素养、教学能力和充分备课等提出了更高的要求。

2. 大班课堂与小班课堂的教学差异。关于大班教学与小班教学究竟有什么不同，研究结果显示，二者在教学目标、教学方法、教学评价和满意度等方面均存在极其显著的差异。相比较而言，大班教学目标基本定位于“知识”和“理解”等低阶目标的实现，教师讲授过多，学生自主思考时间少，参与讨论的机会偏少，缺乏教师与学生之间沟通和互动的空间，学生所面临的能力上的挑战极其有限，多媒体教学则充当了教师新型满堂灌的教学工具。此外，教师对学生学习的评价和反馈也存在缺失或不足。同样不容忽视的是，小班教学也同时存在严重问题，它在教学目标上强调更多的也仍然是低阶目标，在教学方法上仍然以讲授法为主，学生被动学习。

无论是对于大班教学还是小班教学，即使二者都有对知识和理解等低阶目标的过分强调，但这也并不意味着学生已经很好“记住”了知识或真正深入“理解”了知识。因为教师“以讲授法为主”可能导致的一个极大问题是，很多“知识”和“理解”仅是“教师”的“知识”和“理解”，而不是“学生”的“知识”和“理解”，它只是学生被动接收的。学生所被动接收的知识也只是一种惰性知识，因为没有高阶思维能力的介入，这种记忆或理解也是不利于有效保持的。

除了讲授法，讨论也是大班教学或小班教学的主要方法。就讨论而言，它是增强互动的一种有效方法。但无论是大班教学还是小班教学都有一个不能回避的问题：究竟应该如何进行讨论？尤其对于大班来说，由于大班人数多，有些课程虽然有讨论的形式，但缺乏有指导的讨论，甚而有时成为一种“为讨论而讨论”的讨论或“佯装”的讨论。

班级规模不仅影响教师采用什么样的教学目标和方法，也制约教师对学生的学业评价和反馈，尤其是教师可能采取的课程作业形式。我们的研究结果显示，在一定程度上，大班课堂上缺乏有关学生学习的评价和反馈。这一研究结果与有关研究的结果非常一致。例如，有国外研究表明，小班课通常采用小论文写作形式，大班课则更多地使用多项选择题测验等形式。这种评价形式对学生备考会产生极大的影响，因为学生在准备多项选择题测验时，他们更可能运用记忆等表层学习方法，而准备小论文写作则更可能运用综合等深层学习方法。这一研究结论引人深思，它表明大班课不仅可能降低学生在课堂内学习的效果，而且也会削弱学生在课堂外学习的质量。

教学满意度既是学生对于自己所经历的大班课程学习的一种情感上的觉察，也是对高校教学质量的一种评价。相对于小班课，学生对大班课的满意度更低，这可能与他们的课程学习收获有关。大班课堂上学生个人的“无名无姓”和个人责任的缺失，使他们在大班课堂上不容易集中注意力，学习也更缺少动机，加之教师诸多教学行为的影响，导致了学生在大班课的低收获和低满意度。

3.大班课堂教学的改进。以上关于大班教学的研究实质上是在诸多方面揭示了大班教学的负面效果，由此带来的一个问题是：大班教学还有可作为的空间吗？总的来说，解决大班教学问题或困境的可行思路是，在适当增加低年级小班课数量的同时，在现有条件下加强对大班课教学方法的研究和探索。

在学生看来，班级规模不是影响教学质量的关键因素。在所考察的教学质量影响因素中，如果排除学生自身努力的程度，来自教师的授课清晰和教学热情是最重要的影响因素。也就是说，教师是有效教学的重要方面，这无论对大班教学还是小班教学都同样适用。

教学方法的改进是改善大班教学质量的一个有效途径。麦肯齐等人指出，通过以下途径，大班教学也能接近小班教学的效果，例如，安排训练有素的助教组织一些课堂讨论；使用能够促进主动性和有意义学习的教学方法。更多的研究表明，讲授法与其他方法的综合运用是增强教学有效性的有效方法和思路。例如，有研究者指出，对于每位教师来说，应事先计划好每隔15分钟左右变换一下讲课的节奏，以缓解单调和重新吸引学生的注意力，可以做示范，使用视觉教具，讲故事或轶事，以及让学生在座位上单独或2～3人组成一个小组解决一个问题，等等。

有关小组合作学习的研究成果近年来逐步得到丰富和深入。小组合作学习的一个显著意义是，对于很多学生而言，在一个100人以上的大班课堂上发言并不是一件轻松的事情，这对他们来说是“不安全”的。那么，与其提出一个面向全班的讨论性问题，以学生个体为单位进行回答，还不如让小组思考更为有效，因为它关注的焦点不是“我思考了什么”，而是“小组思考了什么”，而这对于学生个体来说是更为“安全”的。

经常性的评价和反馈是有效学习的基本原则。但是，在高校课堂上一个普遍存在的问题是：学习目标和教学活动之间缺乏联系，学习目标和反馈评价之间缺乏联系，教学活动与反馈评价之间缺乏联系。应该说，这一问题在大班课上的表现尤为突出。针对大班教学在课堂评价与反馈方面面临的诸多实际困难，有研究提出了一些切实可行的方法。例如，请学生出试卷，不需要收上来的3分钟写作，课上留出几分钟请学生书面概括本课的要点，采取同伴评改法等。

（四）大班教学发展

大班课堂主要实现的是低阶教学目标，教师讲授过多，学生课堂参与不足，教师对学生学习的评价和反馈存在缺失或不足。大班和小班在教学目标、教学方法、教学评价和满意度等方面均存在极其显著的差异。

但是，无论对大班教学还是对小班教学来说，教师都是影响有效教学的关键因素，而班级规模的作用小于教师的作用。一个高水平的教师往往注重对学生学习态度、课堂注意力、学习兴趣及动机的激发。如果教师仍然固守传统教学理念，采用灌输式教学方法，那么无论是大班还是小班，其教学质量都会被削弱。如果小班课堂使用的教学方法仍然是以知识讲授为主且学生被动学习，那么无异于大班课堂，这样会造成另一种意义上的资源浪费。

教育的首要任务是培养学生。课堂教学质量的高低固然与学生自身的投入多少和班级规模大小有一定的关系，但是如何提升教师自身素质、更新课程内容以及灵活使用多样化教学方法才是关键。为此，如何在院校层面、院系层面和教师个体层面促进教师教学发展，促进以学生为中心的教学改进，仍然任重道远。

二、大班有效性教学存在的困难

第一，师生互动、交流不足。缺乏互动是大班教学中最首要的问题。大班教学中，教师往往会因为教学活动在组织和时间分配上的困难，采取一些容易安排的授课方式，即传统的讲授式。这种方式难以保证学生学习的主体地位和积极性，不利于学生自主能力的发展。有时，即使教师设计了一些课堂互动活动，因为班级人口基数太大，往往也很难保证每个人都能参与，这就可能打击一批潜在的、希望得到锻炼而没有得到锻炼的学生的学习主动性。这种课堂上的互动不足，不仅会影响学生课上学习的主动性，也会影响他们在课下与教师进行有效交流的积极性，从而使教师难以及时发现教学中存在的问题。除此之外，长期缺乏有效的互动、交流，会使师生之间难以形成能够促进有效教学的健康、和谐的师生关系。

第二，教师难以及时、有效而又有针对性地给予反馈、进行评估和考核。反馈是教学过程的必要环节，及时深入而又有针对性的反馈是教学活动进一步展开和保证教学质量的基础。然而，以一对百的大班教学使教师很难对所有学生课堂上的不同疑问和困惑给予及时反馈，这就会造成课上讲授的内容与学生的差异化需求相脱节的现象。不仅如此，庞大的作业批改量也往往会延长教师对学生课下学习情况的反馈时间，使学生错失纠错的时机。另外，由于教学班额大，每周的学时有限以及平常师生交流不足，教师很难准确地把握学生平时的学习情况和能力水平，从而影响评估和考核的公正性和准确性。

第三，教学活动组织、监督及管理难。组织教学活动是教学的一个重要环节，也是提高教学质量的手段。然而，由于大班教学中学生水平参差不齐，个体差异性太大，教师在组织活动中难以保证每个教学活动能调动所有学生的积极性，从而也不能保证这个活动的效果。另外，既然是活动，就涉及一些不可控因素，而在大班教学中，因为庞大的个体差异性，这种不可控性就更大，监管起来也更难。所以，教师普遍对在大班中组织教学活动感到束手无策，担心其会影响教学进度和质量。这种担心往往会阻碍教师积极探索能提高教学有效性的活动，从侧面影响了教学的进步和效果。

第四，个性化教学，因材施教难。每个人生来都是独特的，个性化教学，因材施教符合人的成长认识规律和教育规律，是达到理想教学效果的重要条件。而大班教学受班级规模的影响，教师备课和上课多是面向大多数学生的知识水平和接受能力，难以兼顾所有学生的个体差异和个性化需求，也就难以进行因人和因材施教。这就有可能导致有些无法跟上或适应的学生丧失学习的信心和兴趣，有些觉得教学内容没有挑战性的学生放弃课堂，从而影响学生能力和水平的提高。

三、助力大班有效教学的创新教学理念

（一）教学中心方面

以促进“师生学习共同体”的进步和发展为教学的中心。该中心论强调在教学中不应过度渲染教师或学生的主体地位，而应同等看待二者的主

体性，将二者结合成一个和谐互促的整体，将他们共同的进步和发展作为教学的中心。随着时代的改变，教学的中心从传统的“教师中心”，演变到现在的“学生中心”或“学习中心”，但无论是哪一种，都过于强调某一方的重要性，而忽视了教学中民主、平等的理念，合作互惠的原则，以及使成员通过协作达成共同信念，从而产生自我认同和归属感的重要性。“学习共同体”作为一种新型的学习与教学组织形式，在优化合作互动的学习环境，促进知识的建构，保障学生学习与人格成长等方面发挥着重要作用。而“学习共同体”，不仅强调保障学生的成长，促进他们的自我认同和归属感，也重视教师的成长、自我认同和归属感的建立，使教学中长期直接相关的两个主体能够成为一个共同发展，彼此成就的教学整体。这种教学整体不仅会给大班教学带来健康、和谐的师生关系，而且还能促进师生间有效的互动、交流。

（二）教学目标方面

设定兼具“显性”和“隐性”，“共性”和“个性”的“分类分层”教学目标。这里的“显性”指设定的目标要直观、具体，多针对具体知识的学习。因为具体知识的掌握能让学生快速产生直观的获得感、充实感和成就感，这种美好的体验将能帮他们保持学习的动力。“隐性”则指隐藏在具体知识学习中的抽象能力培养，二者代表了教学目标的分类特性。它们的结合既能使学生学到必要的具体知识，又能确保学生抽象能力的长期、隐性发展。“共性”和“个性”代表了教学目标的分层特性，它们侧重强调教学目标的设定既要遵循一般规律，也要兼顾个性化诉求。这种“分类分层”的理念符合以促进“学习共同体”的进步和发展为中心的大班教学，强调教学活动的展开要能促使全员参与并达到目标，产生自我认同和归属感，从而改善大班教学中教学活动组织难以及个性化教学难的现状。

（三）教学内容方面

选择的教学内容要有“针对性”“必要性”“层次性”和“全面连贯

性”。教学内容的“针对性”强调教师在设计教学内容时，要在学生诉求、学生现有知识水平、学生接受能力、教学内容及要求、教材特点、教师的优势、教学大纲以及教学环境和条件等方面寻找一个契合点，让教学内容更具针对性。“必要性”旨在打造“精课”，具体来说就是学生在课下能独立或协作学会的内容，课上不细讲，教师负责帮学生解决他们不能解决的问题。“层次性”一方面指教学内容本身要有一定梯度，另一方面指教学内容要能满足不同层次学生的需求。“全面连贯性”强调教学内容的各个模块之间不仅要紧密相连、逐层铺垫，而且要全面、具有整体性。这四种特性的结合将催生一种高效精简而又具个性的课堂，可以从一定程度上解决大班教学师生交流、互动不足，难以实施个性化教学的难题。

（四）教学手段方面

采用“融合归一”的教学手段。大班教学中巨大的受众差异性决定了在教学时不适宜采用一种固定的教学手段。“融合归一”中“融合”的含义就是在综合考虑各种教学因素的前提下，将多种教学手段适用的、能融合的部分进行融合，例如，在教学中可以将小组协作式分享、翻转课堂、线上线下结合的混合式教学、移动微型学习等教学手段进行融合。需要注意的是，各个教学手段之间的融合形式不是固定的，而是灵活多样的、有选择性的，如根据教学需求，在课堂上可以借助教材配套App软件进行线上线下的混合式教学，让学生课下在网络平台上学习指定内容，课上进行翻转教学；还可以借助一些手机App，让学生与小组成员一起进行协作互助式的移动微型学习。“归一”指所有教学手段的融合将最终回归到一个目的，即促进“师生学习共同体”的进步和发展。总之，“融合归一”理念倡导为了“学习共同体”的进步和发展，教学中可以将多种教学手段进行融合，这种理念一方面可能会更好地促进个性化教学，满足多种教学需求，另一方面也会使教学的最终目标更全面、更明确。

（五）教学过程方面

在教学的过程中要培养学生的“问题意识”及“工具意识”。

“问题意识”包括：①问题诊断意识。即面对一个问题时，要能结合自己的经验，对问题进行诊断性分析。②基于问题的实践探究意识。当对问题诊断明晰后，结合自己的经验，给出一个可能的结论，然后制定相应的探究计划，借助他人或工具进行实践验证。③解决问题后的评价、总结和反思意识。实践结束后，反思实践过程，验证最初的结论是否正确，并对实践过程进行评价、总结。“问题意识”旨在帮助学生更好地认识自己的学习情况，进行自我诊断和回应，寻求适合自己的学习方法，进行深度学习。

学生“工具意识”是指要帮助学生养成能借助已有的工具完成学习任务，而不过度依赖他人。

“问题意识”和“工具意识”可以培养学生的自我反馈和自主学习能力，减轻大班教学中教师反馈不及时的影响，而一旦学生体会到了深度学习和独立解决问题的乐趣和成就感，教学活动监督、管理难的问题也会得到改善。

（六）教学评价、反馈方面

创建“多维立体”“人机结合”多选择、多途径的评价、反馈方式。这里的“多维立体”“人机结合”包含三方面的内容：①被评价和反馈的客体不是静止不变的而是动态变化的个体、小组或群体；②评价和反馈的主体也不单单指教师，还包括客体本身、同伴和工具，这里的工具指的能反映学生学习情况的载体，可能是教师开学初为每位学生建立的动态电子学习档案，可能是教材配套的手机课堂里学生学习情况的电子记录，或是学生学习过程中记的笔记等；③评价和反馈的形式包括诊断性、形成性和结果性三种。这种评价、反馈方式在保证评价、反馈的及时、有效之外，也使评价、反馈更全面、更公正、更能起到帮助教师看清教学情况，及时进行教学调整的目的。

第二节　以学生为中心的教学——PBL

基于问题的学习（Problem Based Learning，PBL）是整合教学—研究—学习这一统一体的有效学习机制。在建构主义理论指导下，“以问题为中心”“以学生为中心”“课程目标整合学科内容和技能发展”“自主学习”“合作学习”“教师作为促进者”构成PBL的核心特征。有效问题或问题情境的设计是PBL成功运行的第一个保障。PBL的实施大体上涉及准备工作、阅读问题、定义关键问题、头脑风暴、讨论和综合、形成学习问题、独立学习、共同建构知识和开展行动计划等步骤。

大学是探究高深学问的场所。在一定意义上，高校以学生为中心的教学离不开教学—研究—学习的统一体。传统讲授课（Lecture）与这一统一体的精神实质是背离的，传统讲授课最基本的特点是“以学科内容为导向”和“教师讲、学生听”，这种教学更多代表的是教师做了什么，而不是学生学了什么，甚至有可能是学习并没有在真正意义上发生，学生能够记住的东西很少，也很难把学到的知识应用于现实生活和未来工作之中。这种教学不利于教学、研究与学习的整合。

为了转变“教师讲，学生听”的传统教学模式，当前我国高校在教学实践中经常使用“Lecture+Presentation（新课呈现）”方法。就Presentation来说，其效果可能并不理想。如果教师的教学目标更多地定位于记忆和理解等低阶目标，那么，在Presentation中知识的灌输是依然存在的，只不过知识由教师灌输转换成了由另一名学生灌输，是由个体学生把现成的知识和结论直接塞给其他学生，致使学生在不同程度上被动听讲，参与较少。进一步说，这种在非真实情境下所进行的教学，倾向于用概念、原理和定义来填充学生，所形成的知识其实是一种惰性知识。这种惰性知识，短期记忆后极有可能随即忘却，而所记忆的知识也很难应用于解决真实情境中的问题。应该说，这种教学难以保证高校教学质量，更不利于高阶教学目标的实现。

这里需要思考的问题是：如何使课堂成为一个探究的场所，使教学—研究—学习成为一个真正水乳交融的统一体？一个可行的答案是：PBL是整合教学—研究—学习这一统一体的有效学习机制。

一、什么是PBL

PBL的理论基础源于建构主义。建构主义是一种有关我们如何理解或知道的哲学观。建构主义认为知识是由个人创造或建构的。建构主义有三个重要的命题：①理解是人与环境的相互作用；②认知冲突或困惑是学习的刺激物，并决定学习的组织和本质；③知识通过社会协商和对个人理解的评价而演进发展。

在建构主义理论观下，教学所要遵循的主要原则应该是：教师设计真正的任务或问题，学生进行合作学习并自行决定学习目标、问题解决过程，对自己的学习内容和学习过程进行反思。教师的主要角色是顾问和教练，主要是设计学习环境和建议学习资源。

PBL是一种以学生为中心的学习，通过把学生置身于结构不良的、真实的或接近真实的问题情境中，培养其建构知识、解决问题、团队合作、自主学习等能力并激发其学习的内部动机的教学模式。PBL具有以下核心特征。

（一）以问题为中心

PBL课程内容的组织围绕问题而非学科，问题或问题情境首先出现，理论和原理的学习则是在解决问题的过程中逐渐了解和掌握的。PBL的问题通常是复杂的、真实的、结构不良的，问题有多种解决方案，或者每种解决方案可以有多种路径指向，或者根本就没有解决方案。PBL的问题不同于基于学科的学习中的问题，准确理解这一点，是我们准确理解PBL的关键。在传统教学中，很多教师经常会在讲授之后或在学生阅读文献之后，基于已经给定的信息提出一系列问题或案例，这些问题一般是结构良好的，它们是前面学到的理论或原理的延伸，可以围绕这些问题展开研讨，但其关注的焦点是获得教师所期望的答案，解决方案总是与学生应该掌握的特定课程内容相关。PBL与基于学科的学习（Subject Based Learning，SBL）相比，其整个顺序恰好相反（详见图5-1）。这种以解决问题为中心、重在学生学习过程的学习，实际上也是一种“做中学”。

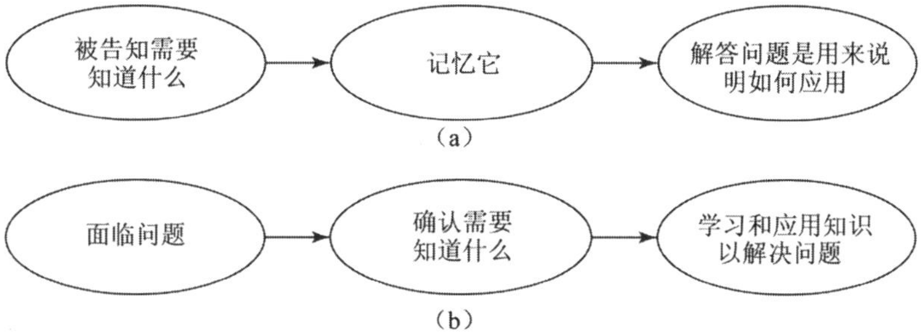

(a)SBL　　(b)PBL

图5-1　SBL和PBL的差异

（二）以学生为中心

PBL注重学生的学习起点、学习兴趣和学习经验。PBL中的问题经常反映或基于现实生活情境，并为学生提供一种更接近现实生活的学习方式，让学生对学习的方向和内容有更多的控制，因为学生被赋予设定自己的学习问题或学习目标的自由，并且能够自行决定他们将怎样学习这些问题。PBL重视知识的发现而不是知识的传递，重视创造师与生、生与生的对话教学气氛，在这样的气氛下学生常常感觉自己是安全的、为别人所接受的。

（三）课程目标整合学科内容并促进技能发展

从PBL定义可以看出，学生在解决特定问题的过程中，同时也是在学习学科内容。在PBL教学过程中，学生学习如何确定学习目标、如何搜集和加工信息、如何分析和解决问题、如何在小组中工作并领导一个小组。

这些学习既有助于获得学科技能，也有助于获得可迁移技能。学科技能直接通过问题设计获得，可迁移技能则间接通过问题解决过程本身获得。例如，就教育管理学科而言，所发展的学科技能可能涉及使用图表和模型、获得和使用相关数据、评价政府政策、分析现实问题等，所发展的可迁移技能可能涵盖时间管理、团队工作、独立学习、做决策、问题解决、交流想法和结果等。在一定意义上，这些学科技能和可迁移技能是科研技能的基本要素和构成，因为科研就是有计划、有系统地收集、分析并解释资料以寻求问题解决方案的过程。

（四）自主学习

PBL教学过程的主要任务是确定问题，围绕问题组织学习，并确定支持学习的资源和工具。整个过程重视的不是结果而是过程本身。所以，这不是一种被动学习，而是一种自主学习或主动学习，它强调学生对自己的学习负责。这种自主学习有利于发展学生的元认知技能，即学生学会意识到：关于问题他们已经知道什么，为了解决问题他们还需要知道什么，为解决问题需要使用什么方法。这实际上也是一种深度学习，因为学习是有意义的，它致力于发展个人理解。

（五）合作学习

PBL不但支持自主学习，也支持向其他学生学习。因为对于PBL来说，学习是共享的过程，为此小组合作学习至关重要。作为对个人自主学习的一个极为重要的补充，小组合作学习不但使学习不再单调无趣，而且有利于提高学生的交流技能。通过小组合作学习，学生彼此互动和反馈，在此基础上凝练自己的思想，并再进一步提出新的思想。小组合作学习和讨论不但发生在课堂之上，通常也延伸到课堂之外。每个小组少则23人，多则10多人。为促进个体自身对小组的贡献，PBL通常会规定有效的小组规则。

（六）教师作为促进者

在PBL中，教师的角色主要是促进者、帮助者、引导者。PBL中教师的角色可以通过如下一段师生对话加以描述。

你的意思是，这门课程我们要自己弄清楚什么是我们需要知道的，然后彼此互相帮助进行学习，是吗？可这是教师的任务，不是我们的任务。

——某生问

是的，就是这个意思。我的工作是设计问题，选择资源，帮助你们管理你们的学习，我是作为你们的教练尽力推动这一过程的顺利进行。你们的任务是学习。

——某教师答

从这一段对话可以看出，教师的角色功能就是发挥促进者角色。教师需要提出问题，提供必要的资源，营造学习氛围，推进PBL进程，主动倾听和观察并适时和适当地介入小组，推动小组对关键问题展开讨论，鼓励学生进行反思和回顾，培养学生的各种能力（如问题解决能力、元认知能力、批判性思维等），帮助学生成为自主学习者。要做到这一点，教师要避免发表意见或给予学生信息而把学生引向“正确”的答案；相反，教师要不断追问学生“为什么”。

二、什么PBL问题最有价值

从PBL的核心特征来看，PBL首先是以问题为中心。问题或问题情境的设计是PBL的起点。问题质量好，是PBL成功运行的第一个保障。

很多学者对高质量的PBL问题的特点进行了研究。例如，Sockalingam等人从学生的角度对其进行了研究，结果表明，一个好问题最重要的品质是：①导向恰当的学习目标；②促进自主学习；③激发批判性思维；④促进小组工作；⑤富有趣味；⑥具有恰当的形式；⑦问题清晰；⑧问题阐述详尽；⑨问题适切；⑩与先前知识相关；⑪具有一定的难度。

Des Marchais则认为，好的问题具有如下特点：①激发思考、分析和推理；②确保自主学习；③激活和应用先前知识；④置于现实背景之下；⑤导向恰当的学习目标；⑥引发好奇心；⑦详述背景；⑧语言表述清晰而恰当。

Stanton和McCaffrey的研究也很有代表性。他们从以下七个维度对PBL问题的特点进行了总结：①问题真实；②激活先前知识；③足够复杂；④激发小组讨论；⑤引发学习问题；⑥激发自主学习；⑦结构适当。

“导向恰当的学习目标”“促进自主学习”“引发思考”“问题真实或适切”是PBL研究者高频使用的词汇。作为学习起点的问题，应该能够引出与所学领域相关的概念和原理，保证通过问题解决可以达到学习目标。同时，该问题应该是结构不良的、开放的、真实的和复杂的，能与学生的个人经验世界产生共鸣，激发他们的探究动机、兴趣和热情。

一个好问题可以来源于教科书中的练习题、案例研究、考试题、课程中用到的例证、科研项目、学术论文、教师自身或同事的实践、大众传媒等。教师在撰写有价值的PBL问题时，需要注意以下三个方面：第一，课程到底想要学生学习哪些内容和概念。第二，哪些故事能够吸引学生的注意力？关于注意力问题，一个比较可取的做法是，可以在内容上选择当代议题，在叙述风格上可以给学生安排故事中的主要角色，而且语言应尽可能生动和幽默。第三，在问题的结构上，应尽可能使问题具有开放性和挑战性。

三、PBL的实施过程

PBL始于20世纪70年代的医学院，此后，很快在商学、教育、建筑、法律、工程、社会工作等学科领域传播开来。以医学为例，PBL的主要模式是，针对某个病人病案，把学生分成几个小组，每个小组分配一名促进者。学生的主要任务是诊断病人并提供诊断的理论基础，提出治疗建议。第一次小组会面时，他们开始讨论问题，基于他们自身的经验和知识提出假设，确定相关事实，并确定学习问题。学习问题是小组学生对于与病案有关的还不明白的任何问题。之后，每个学生进行自主学习，使用相关资源收集信息。然后，进行小组第二次碰面，评估资源，并在新的理解基础上重新思考和审视问题。一个PBL问题一般持续一周到几周不等。

总的来说，PBL即学生确定重要的问题，然后从各种来源去获得知识和技能以解决问题，教师是促进者。具体而言，学习小组面对问题之后会讨论如下三个方面的问题：第一，关于此问题，我们已经知道什么？第二，我们还需要知道什么？第三，对于还不知道的，我们将怎样进行学习？在这一步骤，学生一般会按照重要性排列学习问题的次序，集体决定哪一问题将会是小组要探讨的。小组要进行内部成员分工，就学生个人来说他将对自己负责的那部分内容向小组其他成员进行汇报。值得注意的是，这里一开始并没有预先指定的目标呈现给学生，而是学生基于问题分析而产生学习问题（即学习目标）。

关于PBL实施过程，无论是理论还是实践都呈现为一种多元化的样态。PBL实施大体上涉及以下几个步骤：①准备工作，包括分配角色，制定基本规则，审视思维和学习过程；②阅读问题，包括确定关键事实和未知术语，确定问题的背景；③定义关键问题，形成初步想法；④头脑风暴，包括对想法的解释，联系自身经验回应和举例；⑤讨论并总结当前对关键问题已经知道的内容；⑥形成学习问题，确定小组需要研究的关键问题并加以表述；⑦独立学习，包括关于“学习问题”的信息，批判性反思学习；⑧共同构建知识和开展行动计划，包括讨论学习问题，学习问题对问题和实践的相关性，制定和执行行动计划。

为了更好地实施PBL，学生一般会在第一堂课上领到课程的PBL手册。PBL手册一般包括以下几方面内容：①PBL过程的简要说明以及每一阶段的时间分配；②说明小组会面的结构如何，包括小组组长和记录员的任命和职责；③任务的汇报，口头还是书面；④评价标准；⑤每一个PBL任务的规定，包括学习结果和阅读指南；⑥对搭便车行为的惩罚。

四、基于以学生为中心的PBL混合教学模式探索

（一）PBL教学法的应用现状

在传统教学过程中，学生主要是跟随教师的授课习惯和内容进行学习，未能充分发挥学生的主观能动性；而PBL教学法是学生以教学问题为导向，通过查阅资料、分析、讨论等多种途径获得解决问题的方法，在解决问题的过程中使学生的学习由被动变为主动，使课堂变成以学生为中心。学生围绕问题进行探索学习，不仅可以参与到课堂的教与学过程中，而且有利于培养学生的学习动力和综合思考能力，但传统PBL教学法在实施过程中仍存在以下不足。

1．问题解析不全面。学习是一个循序渐进和融会贯通的过程，没有丰富的基础知识积累，很难应用知识对科研问题进行诠释，但部分教师在PBL教学过程中，对于新知识完全由学生自主学习，未进行合理的引导和分析。学生花费了大量时间去学习，仍不能完全明白问题。同时，受到课时限制，未对知识进行讲解和总结，导致学生不能建立完整的知识体系，且对课程问题理解浅显，未达到建立批判性思维的教学目的。

2．影响教学进度。教授式教学的课时进度可以由教师进行调控，教学过程中的重难点也可以由教师根据学生接受情况进行合理调节。但PBL教学中学生对知识掌握不透彻、讲解过程不顺畅，课程进度往往无法按照计划进行，不利于教学任务的顺利完成。

3．评价体系难以均衡。在PBL分组学习过程中，任务的难易程度和参与度不同，对学生成绩的评定应有阶梯性的变化，但目前PBL教学法缺乏评价机制，难以较好地衡量每位学生在课程内容完成过程中的贡献率，难以持续提高学生的积极性，导致学生积极性逐渐降低，最终又将回归于传统授课教学。同时，对其他组学生对知识的掌握情况也无准确的反馈和评定，不利于全体学生对新知识的学习和掌握。

（二）PBL教学法的线上线下混合教学探索

单纯的讲授式和PBL教学法都有一定的不足，单独使用任何一种方法不利于教学改革的顺利实施。现代通信工具深入学生日常生活，将其作为移动学习工具是改善学习效率的重要途径。通过前期教学演练和尝试，提出融合讲授式和PBL教学法的新型PBL教学方式，并与现代通信设备和网课资源结合，能提升学生对知识的参与感与融入感。鉴于以上问题，提出如下改进措施。

1. 课前教学引导。在PBL教学法实施过程中，尽量避免整章新知让学生自主学习和讲解，慎重选择教学问题，并给予适当引导和分析。在线上课程讲解过程中，让学生带着问题进行思考，提升学习的主动探索性；在线下教学过程中，让学生根据课堂提示和讲解，探寻、解决课下问题，降低探索的难度和减少花费的时间，保持学生的积极性和主动性，具体流程如下。

（1）课前阅读：教师给出预习提纲，让学生清楚课程重、难点，有的放矢地进行准确学习。

（2）讲授：教师线下对核心知识进行详细的讲解和分析，适时引导。

（3）课堂练习：检查自学成果。

（4）知识巩固：教师线上对练习结果进行点评，重点解惑。

（5）课堂课后测量：检查重、难点学习情况，保证新知学习。

（6）PBL问题：结合当前行业发展前沿和高端人才需求，以核心知识为依据，提出教学问题分组学习。

（7）合作展示：结合翻转课堂，限时展示。

（8）组间讨论：小组间进行提问探讨，查验补缺。

（9）教师总结：查漏补缺，完善知识。

（10）教学评价。

2. 线上集中解惑。当前，部分高等学校教师和学生之间缺乏直接联系，学生的学习问题得不到及时解决。为了及时解决学生的问题，可在固定的时间进行集中解惑（知识巩固），通过弹幕、答疑互动等方式，使学生积极主动地参与课程，同时激发学生的好奇心和对问题的探索欲。

第六章　以学生为中心的高校教学创新

第一节　以学生为中心的高校教学理念创新

一、以学生为中心的理念提出

进入21世纪以来，高校教育的形式和内涵都在发生改变，要求高校教育转变教育理念，探索新的工作机制，使之适应时代的进步，从而推进高校教育的发展。随着十八届三中全会的召开，在高校教育改革方面，明确提出要创新高校人才培养机制，逐步扩大办学自主权。树立以学生为中心的教育理念，顺应时代潮流和需求。我国高等教育发展必须确立以学生消费者为中心的教育服务理念，提高高等教育消费者满意度，切实保障教育消费者权益，积极开拓高等教育消费市场。

早在1952年，在哈佛大学教育学院举办了一次主题为“课堂教学如何影响人的行为”的学术研讨会上，创建了人本主义心理治疗理论的美国著名心理学家卡尔·罗杰斯在其发言中首次提出以学生为中心的观点。卡尔认为作为学生的人天生就拥有学习的潜能，如果学习的内容与学生的个人需求相关联，而且学生者又有兴趣并且积极参与其中，这样的学习就会变得非常有效。而我国对于以学生为中心的理论研究则始于20世纪90年代初。

二、高校教学存在问题

当前我国高校教学存在许多问题，例如，高校“行政化”色彩严重，这严重禁锢了教师和学生，高校是学术性组织，学术自由的特性就要求高校不能和政府一样，依靠行政手段管理。在高校行政地位的高低就等同于教师学术资源的多寡。学术竞争就变相等同于行政权力竞争，传统的行政化教师成果考评指标，量化的管理模式，让教师更加注重做课题拿项目，而把教学精力转移到可以更加直观看出成果的数量化指标中去。这样教师如何提高教学质量，保证课堂教学成果？学生课程体系设置僵化，教师教学内容量化。上什么课？怎么上课？这是很重要的问题，高校课程设置更多是根据上级部门要求设置的，没有考虑学生的兴趣爱好，也很少配合教师的研究专长，加上教学内容量化，让教师疲于应付教学任务，忽视教学质量的提高，这样就导致了双方上课缺乏积极性、创造性。而且现在大学生们很多时候疲于应付各种活动，尤其是那些学生干部和社团干部整天处于“活动超载”状态根本无暇读书和上课。所以，出现“必修课选逃，选修课必逃，没有逃过课的学生不是好学生”，这都是值得我们认真反思的问题。

三、以学生为中心的高校教学实践建议

由于高校教育出现诸多问题加之环境等条件的改变，不得不让我们改变教育理念，指导高校教育，促进高校教育的革新进步。“以学生为中心”要求高校教育实现从“教”到“学”，从传统教育重说教、重管教向主动学习这一新范式的转变。在“以学生为中心”的教育理念下，学生作为高校教育的主体，教学活动、教学环境以及教学目标都以学生为中心，围绕学生开展。大学的目标只是为让学生发现自我和提供学习的环境，使学生的自主性得到充分发挥。老师只是学生学习活动的组织者和指导者，应该从整体的角度来设计教学内容，学生作为学习过程的主体，在教师的指导下，

学习的积极性和主动性得到充分发挥。高校教育作为一个整体，是系统的过程，其参与主体都需要紧紧围绕“以学生为中心”的理念行动，不断探索贯彻“以学生为中心”理念的指导，创新教育模式，推动高校教育的新发展。

教育部门应该改变管理理念，放权给高校，扩大高校教育管理等方面的自主性。教育部门积极充当“守夜人”的角色，履行好监管职责，不对高校进行过多的行政干预。

学校和教师作为高校教育活动重要的参与者和提供者，其在高校教育过程中具有重要地位。高校和教师更应该转变教育理念，树立以学生为中心的思想，提高服务的能力和服务水平。高校的去行政化改革，理顺高校和政府关系，优化高校教育管理结构，最终落脚点还是在学生的教育培养上。随着时代进步和科技发展，高校教育开放式、个性化和数字化特点凸显。在以学生为中心的理念指导下，不断创新教育模式和改革教学方法，推动高校教育不断向前发展。

四、教学理念创新的实践——以思政课教学为例

（一）以教师为主导，发挥引领作用

在以学生为中心的课堂上，教师不仅仅是知识的讲授者，而且还需发挥更加至关重要的作用，包括学习引导者和促进者、组织者和管理者。

首先，在学生的学习中，教师起着引导者的作用。此外，教师还需要充分关注学生的个性发展，鼓励学生主动参与到教学活动中来。以学生为中心的课堂更尊重学生的学习兴趣和学习自主权，所以，将适当地加入强调学生学习主体性的内容，如讨论、合作任务和自主探究。教师是学生学习活动的组织者和参与者。但是，给予学生一些课堂空间，并不等于让他们放任自流，否则这种课虽然看起来很热闹，但学生却不投入学习中去，那所谓以学生为中心的教学，也就流于形式。所以，在以学生为中心的课

堂上，要强调学生在学习过程中的主体性，更加注重教师对课堂教学的引领作用，教师的指导也更有挑战性。另外，还要及时调整自己的角色和行为方式，帮助学生掌握知识要点，提高能力水平，促进其发展。一方面是上课的时候，教师在教学活动中要仔细观察学生的表现，抓住宝贵的提问，明确回应学生提问，引领学生向目标前进。随着思政课程改革的不断推进，教师教学观念和教学方式发生了深刻变化；另一方面，教师备课时应该对预计会在课堂中进行的自主学习活动进行准备，例如，小组活动、自主探究等，做出更加详细的计划，给同学们搭建了一个高效的支架，预设学习可能遇到的问题，解决问题的途径。为学生搭建脚手架，是开展自主学习活动的关键，教师借助脚手架来达到有效指导学生开展自主学习活动。

其次，教师在学习中起着促进者的作用。在以学生为中心的课堂上，教师是学生值得信赖的学习伙伴，在同学们的讨论、探索、合作、展示以及其他类型的活动中，教师要认真观察、仔细倾听、平等对话，这样才能够及时发现学生困难，为其提供适合学习的资源、工具、方法和其他援助，做学习促进者。

教师同时又是整个课堂的组织者和管理者。教师在课堂活动中必须充当组织者和管理者。此外，教师应注意发挥自身人格魅力对课堂教学产生影响。教师要自然、流畅地开展课堂活动，有效地安排好每一次的学习活动，激发学生投入各种学习活动中。监测各项活动进展情况，尽量使每个学生全身心地投入学习中去，按进度去完成各项活动。通过观察、和学生进行交互等途径，保证课堂总是在预期学习目标指引下进行。因此，教师要根据教学内容和教学要求制定出具体可行的教学策略，引导学生主动参与到教学活动中来，促进学生全面发展，使课堂兼顾效率与效果，从而达到预期教学目标。在实践中，教师根据学生实际情况，创设情境、激发学生的兴趣，使学生在自主探究和小组合作中完成学习任务，从而既实现学习目标，又培养了学生的能力。

基于以上特点，教师还必须树立现代教育观。现代教育观要求教师不仅要有良好的知识和能力结构，而且还要有正确的教学价值观。传统教育观重“学会”，重点在教师教学上，被弱化的是学生如何学，这与教师主导、学生主体的现代教育观背道而驰。因此，教师要转变教育观念，树立现代教育观。现代教育观认为，学校教育要教学生“会学”，而非“学会”，正像德洛尔的报告所建议的那样：教育的责任是“既应提供一个复杂的、不断变动的世界地图，又应提供一个有助于在这个世界上航行的指南针”。这就要求我们必须转变教育观念，从重视“学会”向注重“会学”转轨，把培养学生自主学习能力作为素质教育的重要内容来抓。教育真正的意义在于通过发挥学生自身主体性、能动性，独立性地寻找知识，然后创造知识，扩展能力。

（二）以学生为中心，激发学习兴趣

以帮助学生建立正确的学习观为前提，传统学习观有两种表现。站在教师角度，学生的学习活动，围绕着教师教的活动。站在学生立场，其一，把学习看作是老师强加给自己的工作，就是“要我学”，不是“我要学”；其二，知识获取方式以教师传授为主，而非由自己去发现，去构建。这种学习观忽视了学生自身的主体性，不利于激发他们主动地获取知识的热情，阳碍其个性发展。教师持此种学习观于教，自然而然地将学习内容直接用定论来展现，学生仅仅是接受知识的主体；学生拥有这种学习观，在教学活动中，就只能被动地接受知识，并不主动地去探究、思考。学生抱有这种学习观，学习的过程不可避免地存在着被动性与依赖性，对于知识的研究，也只是停留于初级知识研究层面。

在教育心理学的视野下，学生在学习方式上存在着接受与发现。接受学习是指学生通过教师对教材或教学过程的讲解、示范等途径来获得知识的一种学习方式。接受学习时，学习内容直接表现为定论，学生接受知识。就发现学习而言，学习内容通过提问的方式间接地展现，学生才是发现知识的主体。接受和发现这两种不同性质的学习方式，具有各自独特的功能，发挥着各自特有的作用。这两种学习方式各有自己的存在价值，又互为补充，但传统的学习观指导下的传统的学习方式过分突出和强调接受和掌握，忽略了发现和探索，学生的学习成为一种单纯被动的接受与记忆。这样的学习方式，只能够完成学习初级知识的工作，无法达到学习高级知识的水平。因此，我们必须改变学习方式，提倡并实施“自主、合作、探索”式学习模式。

学生是思想政治教育工作的主要对象，同时还是高校思政工作的重要参与主体。必须坚持以学生为中心，尊重其独立主体和个性、独立思想、独立诉求，充分调动其参加思政教育的积极性、主动性、创新性，把被动地接受教育变成主动的自我教育，有效增强大学生的参与意识、需求感和获得感。坚持以学生为中心，增强思政教育内生力、创造力，推动高校思政教育的质量提升。

大学生思想活跃，感情充沛、爱好广泛、个体的发展诉求呈现出多元化的特点。思政教育秉承爱的理念，思政教师要有仁爱之心，不仅注重群体性教育的指导，并且注重教育教学的分众化，注重个性化的发展。思政教育不仅深入大学生学习生活中，有效地帮助其解决学习，生活、就业等现实难题，而且要激发其内生动力，使其心灵更丰富、人格更完善、生命更精彩。

（三）以教学内容为根本，创新教学模式

以学生为中心，教师在设计教学内容时应该充分考虑学生的需求和兴趣，将学生的观点和经历纳入教学内容中。从教学内容上来看，关注学生需求，了解学生的兴趣、爱好、学习状态和认知水平，根据学生的需求和特点，调整教学内容，选取更贴近学生生活、感兴趣的教材和案例。关注学生在学习过程中所面临的挑战和障碍，设计可以帮助学生克服困难的教学内容，并且将综合素质教育融入课堂内容中，在传授知识的同时，也关注学生的思维、态度和价值观形成。

利用多样化的教学资源，除了传统的课本、PPT等教学资源外，教师还可以利用互联网、图书馆等多种资源，帮助学生更好地理解教学内容。通过组织实践教学活动，如社会实践、志愿服务和文化参观等，使学生走出课堂，接触社会实际，并将所学知识与实践相结合，从而更好地理解和掌握思政课的教学内容。

从教学模式上来看，以学生为中心的教学方法，强调教师应该关注学生的学习和发展，而不是仅仅从知识传授的角度出发。传统的思政课大多采用“讲授—听讲”模式，讲授者是权威，而学生则是被动的听众，容易产生疲劳感和厌倦感。为了使学生更好地参与到思政课的学习中，需要采用多样化的教学方式，如互动式教学、案例教学、讨论式教学、游戏式教学等。鼓励学生自主学习和探索，教师可以建立一个开放式的课堂环境，让学生有机会选择他们感兴趣的话题或方向进行独立研究。这种自主学习的方法可以培养学生的创造力和创新能力。以学生为中心的教学方法有助于激发学生的兴趣、主动性和创造力，促进他们的终身学习和发展。所以应当以教学内容为根本，创新教学模式，具体有以下形式。

1．案例分析法。案例分析法是一种比较常见的教学模式，通过引入真实的案例来帮助学生深入了解社会现象和政治事件，发掘问题所在，激发他们的思考和探究兴趣。在思政课教学中，教师可以选择一些与当前社会热点事件相关的案例，以小组讨论、班级展示等形式进行探究和分析。

2．小组探究法。小组探究法是一种强调互动和合作的教学模式，它可以培养学生的团队意识和领导力，使他们在集体活动中相互支持和鼓励。在思政课教学中，可以将学生分成小组，让他们根据教师提供的主题或问题自行探究并汇报。这种方法不仅能够增强学生的主动性和创造性，还能促进他们之间的交流和合作。

3．角色扮演法。角色扮演法是一种以游戏形式为主的教学模式，它可以增强学生的情感体验和参与度，让他们更深入地了解某个事件或现象。在思政课教学中，可以选取一些具有代表性的历史人物或政治领袖，分配给学生不同的角色，要求他们按照历史背景和事件情境进行表演。这种方法既能够加深学生对事件的理解和记忆，还能培养他们的沟通技巧和表达能力。

（四）以教学评价为依托，鼓励学生参与评价

评价和反馈是以学生为中心的思政课教学改革和创新的关键环节。通过定期测验、小组讨论、报告等方式对学生的学习成果进行评价，同时给予积极的反馈。这样可以帮助学生确认自己的优点和不足，并调整学习策略，从而提高学习效果。以学生为中心的教学方法需要评价学生的全面发展情况，而不仅仅是他们的知识水平。评价应该包括学生在思政课中所表现出来的技能、态度和价值观等多个方面。教师应该采用多元化的教学评价方式，如考试、作业、小组讨论等，及时给予学生反馈。同时，教师还可以通过开展问卷调查、个别面谈等方式，了解学生对课程的反馈和建议，不断完善课程设计和教学效果。建立科学、公正、灵活的评价机制，根据学生实际表现和能力水平进行评价，激励学生积极参与思政课教学改革，提高学生的学习兴趣和学习效果。

评价过程中要注意引导学生自主地分析和解决问题。除采用填空题外，选择题和其他客观题考核学生对知识的记忆和理解程度，又通过考查学生的问题解决、主题探究方式、学习项目的业绩和结果的方法等，对学生知识应用水平和综合能力进行考核。

首先明确评价目标。确定教学评价的目标和内容，例如，是否要对课程质量、教师能力、课堂氛围、学生满意度等进行评价。

然后采集数据。在适当的时间和场合，使用评价工具采集学生的反馈数据。除了定期开展课程评价外，还可以通过小组讨论、个人面谈等方式获取学生的反馈信息。在此基础上分析数据，对采集到的数据进行统计和分析，挖掘存在的问题和优点。同时，要根据不同的评价目标和维度，将数据进行分类和比较，形成有针对性的结论和建议。

最后反馈结果。将评价结果及时反馈给教师和学生，让他们了解自己的表现和改进方向。同时，也要将评价结果与其他相关数据进行对比分析，如学生成绩、学科排名等，从多角度反映课程的质量和教师的能力。

根据评价结果和反馈意见，教师应及时调整自己的教学策略和方法。针对问题进行改进和优化，提高课程的质量和学生的满意度。

第二节 以学生为中心的高校教学管理制度创新

一、以学生为中心的高校教学管理的实践分析

（一）学生参与高校教学管理的必要性

早在很早以前，国外很多高校就已经形成了将学生作为学校管理参与者的制度，特别是在德国、法国和英国。在我国，推动学生参与教学管理有法律制度的依据，在教育部令21号文件——《普通高等学校学生管理规定》就明确表示学校应积极将学生的参与纳入教学管理工作。

1. 学生参与高校教学管理符合大学发展趋势。大学是社会发展到一定阶段的产物，是人、知识的聚合体，与社会的需求及其变化紧密相关。当今大学将向“以学生和知识的最终使用者为中心”转变，大学的存在应以服务学生和社会为基本目标，以学生为中心的高校培养模式将是今后大学发展的主流方向。作为高校的重要组成部分，学生的主体作用必然要被凸显出来，将学生的诉求反映到培养体系的构建、培养方案的制定、教学环节的实施等具体的教学管理中，实现高校教学的针对性、直接性和有效性。

2. 学生的参与促进高校教学质量的提高。学生通过参加课堂教学评价、信息员组织、教学秩序监督检查等形式，可以全方位地参与到教学管理的各个环节。让学生参与教学管理，将学生的意愿反馈到教学的各个环

节，可以逐步构建高校内部教学质量保障体系，实现教学质量的改进和提高。学生的参与在很大程度上解决了教师和学生信息沟通不畅等问题，通过专门化的学生组织参与和影响教学管理工作，不仅能够自主地开展教学信息收集、教学质量调研、维护教学秩序等工作，还能锻炼和提升学生自身的能力与素质。让学生真正以教学主体的身份出现在教学管理中，促进了教学质量的提高和教学管理的改革，推动了学风、教风的建设，改变了高校教学管理中固有的陈旧理念。

（二）学生参与高校教学管理的问题分析

1. 学生参与的积极性不够。学生参与教学管理的情况表现出来的认知态度和实际要求还是有一定的差距，同时学生参与教学管理的权力与权利意识不够，有待进一步提高。学生参与的目的性有较大差别，特别是现在逐渐呈现出功利化及参与目的不明确的问题，降低了学生参与的积极性。在众多的高校中，并没有提供充分的管理权，不利于学生参与教学管理。学生的诉求对于学校的整体工作来讲并不是很重要，学生的被动地位造成了不被重视的结果，致使学生在参与教学管理过程中的成就感被降低，这不利于激发学生参与的积极性。

2. 学生自身的问题限制了参与教学管理作用的发挥。学生大多是一个不成熟的学习群体，学生身份的特殊性和学生视角等造成了学生参与教学管理的局限性。学生在校期间自己的知识积累和对社会的认知有限性使其在自我管理能力和工作能力上有很多的不足。同时，学生主要的精力是在学习上的，因此，花费在参与教学管理上的时间也不能够保证，使得学生不能像教学管理人员一样有更多的时间对教学管理进行全面和深入的思考。另外，学生群体相对于高校的教师和教学管理人员来讲是流水的兵，学生的流动性造成学生参与教学管理的深入性和持续性不能得到保证。

3. 学生参与教学管理内容上存在局限性。学生在参与教学管理过程中实际参与活动的内容相对来讲有一定的局限性，并未参与到培养方案的制定、教学计划的实施、教学决策等教学管理的全过程且参与的层次性不高。在受到制度限制的情况下，学生参与一些活动如教学质量评价、教师测评等可能会走向“极端”，失去了参与教学管理内容的客观性。学生参与的覆盖面不大，参与者大多局限于少数群体如学生管理组织、学生干部等，参与者数量上的局限性也导致了学生参与教学管理的内容上的局限性。

（三）学生参与教学管理内容上存在局限性

学生在参与教学管理过程中实际参与活动的内容相对来讲有一定的局限性，并未参与到培养方案的制定、教学计划的实施、教学决策等教学管理的全过程且参与的层次性不高。在受到制度限制的情况下，学生参与一些活动如教学质量评价、教师测评等可能会走向“极端”，失去了参与教学管理内容的客观性。学生参与的覆盖面不大，参与者大多局限于少数群体，如学生管理组织、学生干部等，参与者数量上的局限性也导致了学生参与教学管理的内容上的局限性。

（四）学生参与高校教学管理的实践

1．理性看待学生的权利，发挥学生的积极性。在教学管理过程中，学生对课程、教师有选择权，对课程、教师的教学过程有评价权，对学生事务有知情权和管理权。在教学管理中不能过分地强调学校的行政和学术权力，学生的这些权利应当得到尊重和培育。但是学校的教学管理应以教师为中心，在人才培养中关注学生的诉求以实现以生为本的原则，学生的权利则需要进行有效的引导，增加学生的选择性，发挥学生的作用。在培养体系上，可以结合实际，有条件地将课程、专业和发展路径的选择权赋予学生，进一步引导学生并激发学生的参与教学管理的积极性。

2．完善制度的规范。在现实条件下，不加限制甚至盲目增加学生的选择性很容易出现问题。换言之，以教师为中心不代表不考虑学生的感受，而且增加学生选择权也是必须要走的一条路子，但这种选择权是需要有指导和框架的。建议以保障学生权利为前提在学校的章程中建立和明确学生的申诉机制，将类似的条款具体化，使学生参与教学管理的措施更具有可操作性。让学生有行使管理权的机会和空间，表达自身的诉求，并在学校教学管理中有所体现。在制度上保证学生参与教学管理的权利，进而通过进一步的规范减少在学生参与教学管理中的诸多限制。

3. 创新学生参与教学管理的模式。只有创新学生参与教学管理的模式，才能更好地适应现阶段大学生的特点，更好地发挥学生的积极性作用，有利于引导学生进行自主式管理。学生参与教学管理模式的创新既凸显了学生利益，给学生提供了诉求表达的途径，同时也能将学生的观点和看法反馈到教学管理中，促进教学管理水平的提升。

（1）师生角色的合理定位：在教学活动中，教师和学生分别处于主导地位和主体地位。教师的角色主要是教学活动的组织者、学习情境的创设者和学生学习的辅助者，教师应积极改变思想观念，师生之间的关系不是一种单纯的知识授受关系。只有让学生尽可能多地进行教学活动的参与才能实现良好的互动，发挥教学的作用，催生和谐的师生关系。学生也应该认识教学基本规律，客观地从自身出发提出问题，在教师的指导下获取知识、提升能力。对师生关系进行客观、合理定位，是保证学生有效参与教学管理的重要基础。

（2）提高管理者的思想认识：教学管理人员是连接学生与教师的重要桥梁与纽带，是学生正确参与教学管理的重要推手。教学管理者一般从学生这个渠道获得教学信息，要对教学信息进行全面客观分析与科学评价，如在课堂质量评测环节，教学管理者就必须对学生测评结果进行合理利用，不能毫无保留地将其应用在教师职称评聘、评优等工作中，不能催生、激化教师与学生之间的矛盾，应本着严谨、求实的态度理性地对待测评的结果，将学生测评作为衡量教师工作的一项参考，粗线条地侧重评价教师的责任心和内涵式教学等方面。

（3）建立有利于一线教师的宽松制度：学校和学生要尊重教师对课堂

的绝对管理权，教师有权利以任何合理的形式来对课堂教学进行组织，要支持教师在教学中的创新与改革，教学管理者不应直接插手教师教学，教学管理者可以组织同行、教学督导对教学效果进行客观评价，还可以将评价继续向毕业生群体延伸，用时间来检验教师的教学改革成果，而不应冠以条条框框在短期内进行评判。强调教师对课堂的绝对权利，在课堂组织上尽可能地鼓励学生参与到教学过程中来，不是否定以学生为主体的教学理念，但这并不意味着学生可以凭借对教学效果的批评权来左右教师的课堂。

二、以学生为中心的理念对教学管理制度提出了新要求

以学生为中心作为一种教育理念，在教育实践过程中以学生自身发展为教育基础，同时以学生的个性特征为教育方向，对于每个学生开展针对性教学，使学生可以受到更好的教育，获得更多的知识。这种教育方式的实施不仅仅需要学生予以积极配合，从学校来讲，也应当从多个角度加强建设，制定更为完善的规章制度，来配合教育的实施。

（一）突出学生的主体性

传统教育多关注学生的一般性特征，而且在教育实施过程中常常无视学生在学习过程中所表现的各种差异，通常使用统一模式来对于所有学生进行一致性教育。这种教育模式虽然能够大大节约各种教育资源，但是对于学生成长来说是十分不利的。而以学生为中心的教育模式注重学生个体差异，因材施教，促进学生不断成长。

（二）强调培养过程的灵活性

以学生为中心方式在大学校园中得以实施，就会促进大学教学方式不断改革，使学生可以展现出更多的个性化自我需求。这对于大学生的素质培养，以及知识培养都有着非常重要的意义。如此，学生在学习过程中可

以有更多选择，学生可以通过自身的兴趣爱好选择相关的课程进行学习，同时对于其他专业的课程也可以给予一定的自主选择权。可给予学生更为广泛的自由，使学生可以根据自身爱好，选取不同学校、不同专业课程，丰富自身各项素养，达到综合教育的目的。

（三）提供更多的选择性

以学生为中心的教育方式对于学校来说不仅仅是一种教育模式的改变，同时也是一种教育理念以及教育方法的改革。现阶段，大学之中所使用的教学方法，通常都是以教师为中心，对于各个专业的学生进行统一的规划和管理同时，学校为了方便管理学生，对于所有的学生都给予相对统一的划分。而在新型教育理念之下，原有的学生管理方式将被打破，学校将不单单是学生的管理者以及领导者。而学生有了更多自由选择的权利，学生可以选择自己需要的学习方式以及各项学习方法。而作为学校来说，可以针对于不同学生需求给予相应的服务，使得学生各项需求能够被满足。

（四）教学环节更加多样化

原有教学方式通常是由教学管理部门和相关教师制定规划，但是实行新型的以学生为中心的教学方式后，学生有机会参与教学规划制定，教师需要以学生需求为主，从多个角度不断完善现有的教学计划。实行新型教学方式以后，教学目标应当以学生需求为主，学生可以自主制定各项学习目标，并以此为基础展开各项教学活动。

（五）培养目标的创新性

从教学目标角度来说，原有教学方式在使用过程中通常将某种知识的认知以及学习作为主要目标，而在具体执行过程中一般都单一地将某种知识灌输给学生，这使得学生对于各种知识难以理解。但是随着新型教育方式的实施，在教学过程中虽然原有的知识点仍然是教育中的重要部分，但是更多的教育目的是在学生的能力方面。而学生能力的展现可以在教学中的多个方面，这就给了学生很大的自我发挥的空间。学生可以根据自己的能力和创造力不断更新和创新，从而在获得知识的同时，也具备各项创新能力。

三、以学生为中心的教学管理制度原则

（一）培养目标的多样性

实行新的教育模式需要从多个角度促进学生不断成长。大学是一个学生所有学习生涯的关键阶段，也是各种能力获得和素养养成的重要阶段。在这一阶段之内，对于学生开展更加个性化的教学方式，可以促进学生各项能力共同进步。对于学校来说，在教育过程中需要不断尝试新的教育方法，从多个角度寻找更加适宜学生发展的教育理念，在教学活动实施过程中应当积极探讨和发现学生的各项特长，从多个角度促进学生全面成长。而对于目前的就业形势来说，现阶段各个企业在招聘过程中已经不将学历放在招聘首位，企业需要拥有丰富理论及较高实践能力的新型人才。随着社会不断发展，对于学生的能力提升都有了新的要求。学校作为主要的教育场所，应当从多个角度开展教学活动，努力培养更多具有较强能力的人才。

（二）尊重学生的主体性

为了能够给学生打造一个更为公开和个性化的教学管理方式，在对学生进行教育的过程中，学校应以学分作为评判学生的标准，针对于每个专业提出一定的学分要求。而学生可以根据自身需求选择自己喜欢的学科专业进行学习，只要到达一定学分以后就可被认定完成学业。这种管理方式抛开了原有的统一式管理方法，给予学生更多的选择权利。学生可以充分发挥自主性，选取更加适宜自身发展的学科进行学习。学校应当积极转变原有的教学理念，真正从学生角度出发，寻求更加方便快捷的学生教育管理方法。

（三）管理工作的灵活性

现阶段，大多数高校在对学生进行管理时以传统教育方式为主，这种方式使得学校不得不付出大量的人力、财力、物力。学校使用传统的教学方式不仅仅要对学生学习进行管理，同时也需要从学生学籍等多个角度进行统一管理。使用新型管理方法以后，学校从各个角度更为多样化以及人性化，学生可以根据自己的需求进行相应的考量。但是这又面临一些重要的管理问题，首先，对于学生的学籍如何进行合理监管；其次，针对于不同学科的学生，在费用收取以及学时安排方面如何协调；最后，怎样在新的教育理念之下迅速提升学生的学习兴趣，促进学生更好学习。这些难题都有待于进一步研究分析。

（四）刚性与弹性的兼顾

为了能够更好地服务于学生，学校可以使用以学生为中心理念开展各项教学，而教学开展的过程中也可以给予学生一定的自由选择权利。但是在给予学生自由的同时也应当注重方式方法，这些自由必须是在一定的管理制度之中可以实现的自由。也就是说，针对新型的学习理念，应当先给予一定的管理范围，然后在一定范围之内给予学生更多的选择权，这也是对学生的一种尊重。从学生选择权的角度来看，一般就需要表现在学习科目的选择之中，但是应当在一定范围内展开与学生专业息息相关的各个学科。

（五）制度设计的系统性

作为教育系统中的一项重要内容，对于学校的各项制度进行合理规划是学校能够更好地进行教学活动的基础。要想实行新型的教育方式，就需要对于现有的教学制度进行改善，从多个角度给予学生最大的自由。学生应当根据不同的在校学习时间以及需要学习的专业知识范围，选择最适宜自身发展需求的学习方法。

四、高校以学生为中心的教学管理制度的制约因素

（一）“官本位”管理理念的束缚

高校过于强调行政官员的职能作用，将服务职能转化为指挥权力，一味追求完备的组织计划、严格的管理制度，倡导职能分工和制度管控，过分强调管理者的主体地位，运用行政权力追求教学管理的实效性，不能充分激发教师和学生积极参与到管理活动中，不注重他们主体价值的真正发挥，“官本位”教学管理真正掩盖了学生的主体化地位。从管理者与被管理者的关系上分析，管理者往往居于高高在上的身份，一直占据主动与掌控的主体地位，而被管理者则处于被动与服从的地位，严重制约了学生主观能动性的发挥。

（二）过多的量化标准致使人本理念的缺失

高校的教学管理制度中具有过多的量化标准和条款，比如，出勤率考核、规定上课的学时数、教案的规范要求等。教学管理工作包含显性工作与隐性工作两方面，显性工作可通过量化指标进行考核，而那些思想政治、道德修养等方面教学的隐性工作无法进行量化考核。此外，教学管理质量并不是单纯体现在课堂教学的环节上，针对管理制度中课堂教学的量化考核显得较为偏颇，它极易误导教师将重心倾向制度量化的部分，致使教师的教学工作趋于应付，不能充分尊重学生创造性、创新性的主体化地位。

（三）教学管理方法较为固化、陈旧

高校教学管理方法是实现人才培养目标的根本途径，教学质量和办学效益是否得到提高，关键在于教学管理方法是否真正符合高校自身发展的需要，不恰当的管理方法则会给高校其他工作带来严重的负面影响。随着现代化教育改革和发展的深化，就需要不断改进和创新陈旧的教学管理方法，不能只是局限于过去传统固化管理方法的束缚。基于教学管理自身的

强制性、权威性等特点，若教学管理一直沿用传统的方法不加改进，势必造成强迫性和命令性的错误倾向，这样很大程度上抑制了学生主观能动性的发挥。

五、以学生为中心的教学管理制度探索

（一）推进学分制

要想真正达到以学生为中心的教学理念，需要学校彻底改革现有的教学制度，从根本上提升学生学习积极性。学生可以更加合理地安排学习时间，对于学科专业进行自我规划，增强实践能力。而学校在教学过程中，为了更好地实施学分制管理方法，应当在多个专业内开展更多的可选择课程。应当积极开展丰富多彩的课余活动，使大学生在学习之余可以有更多的活动选择，提高学生综合素质。教师应当积极增强自身素质以及专业技能，为学生带来更好的教学体验。

（二）打破学校、专业边界

使用新型教学理念，不仅仅是单一学校应当注重的问题，同时要在教育系统之中广泛开展各项教学活动。首先，更多学校应当强强联合，构建具有高精尖技术的专业人才培养体系。现阶段国内大学是自成一体的教育方式，每个大学之间都有着自身所拥有的多个专业，而每个大学所招收的学生也仅仅只能在本校内学习各种专业知识。但是由于各个学校所开展的科目相对有所重合，而不同的学校也有着自身更加注重的专业，这就容易造成部分教育资源浪费，同时学生也很难自主选择。所以要想真正实施新型的教育理念，应当从整个教育系统入手，从多个角度加强学校间的互通，使更多学生可以选择不同学校的课程进行综合学习。其次，现阶段大学都按照一定的专业划分进行学生管理，而不同专业有着不同需求的学习课程。但是实际应用中可能涉及多个专业之间进行融合，因此，对于现有专业划分方式也应当予以改善，使学生选择更为合理的专业进行学习和研究。

（三）改革管理制度

首先，改善授课方式。原有授课方式对于学生自我学习有着一定的制约性。教师在教学过程中应当给予学生更大的自主选择权利，改变原有的讲课式教学方法，转变成多种综合性教学方法。其次，改变现有的考评方式。在考评试卷中增加综合性试题，考查多种知识综合运用能力，结合学生平时学习表现，对综合素质应给予评定。最后，应以互联网技术为依托，建立更加完善的学生信息系统，实现学生在不同学校学习不同专业都能够受到有效的监管。

（四）提高教师队伍素质

教师是教育实施的基础，实施新型教育理念对于现有的教师素质以及教师能力有了更高的要求。教师要有一定的管控能力，以更好地把握教学节奏，对于整个教学过程进行合理监管。

六、信息时代下以学生为中心的高校教学管理制度创新对策分析

（一）信息化时代下高校教学管理制度存在的突出问题

1. 教育理念落后。目前，部分高校管理者对于教学管理体制的建立依然存在错误的认识，认为这是实施校园管理的一种制式程序，认为教学管理应当服务于全校的管理工作。

教育活动的开展更多侧重于“管理”，而非有意识地符合学生诉求的革新。在这种理念指引下，校方在开展教学管理工作时，也很难意识到对师生双方的意见进行收集和整理，没有搭建起教育主体之间有效沟通的桥梁，学生的主体地位也因此停留在了口头上而不是实践中，在死板制度的制约下，无论教师采取什么样的方式都很难调动起学生的参与热情，因此个性化的发展也就无从谈起，学生更多的是为了完成学习任务而进行重复性工作。

除此之外，由于校方的管理理念跟不上时代发展的需求，因此导致了身处教学一线的教师在施教过程中的创新改良、主动探索意识严重不足，仅仅依托于由经验延伸出的教学模式，从而使得实际的教学效果和方案中既定的教学目标相去甚远。虽然从当前的实际情况来看，几乎所有高校在硬件条件上都有了质的飞跃，但是由于理念上的落后，硬件设备的功能和作用并没有得到很好的发挥，信息化和网络教学管理方法和手段，虽被用于日常教学任务，如教学任务和学生选修等方面，但是很难满足教学和人员培训的多样化需求。

2. 制度机制不健全。虽然目前进行教学管理创新性改革成为各大高校的重要研究对象，但是真正建立起行之有效的信息化管理制度的高校却并不多见，很多大学只是对教学管理制度进行了细枝末节的调整，传统框架下的信息化融入只停留在表面并不能满足广大师生的要求。这种与时代脱节的教学管理制度在教学过程中主要以校方志愿为主，难以结合学校的实际发展需求，对教学的调节作用并不明显。例如，高校的基础教学文件和教学管理系统还不完善，并没有形成系统的运行管理和规划管理，导致部分大学专业设置和课程安排流于表面，深层次的学生素质培育作用没有得到很好激发，具体的课程内容已不能跟上某一专业的主流发展趋势，学生适应社会需求的程度亟待提高。

3. 教师素养偏低。教师不仅是教学过程的规划者，同时也是具体实践的操作者，是有效实现教育目标的重要环节，其素养水平高低直接关乎教学质量的高低。但从当前实际情况来看，在信息时代下导致部分高校教学管理制度中人本主义体现不强的一个主要原因是教师队伍的综合素质不高，部分高校教师因循守旧，传统观念根深蒂固，不愿意接受新的教学理念，也没有掌握好信息数字技术在教育过程中的应用方法，缺乏创新改革的意识和能力。受传统观念的影响，教师将更多精力放在了管理学生、提高考试成绩等与以往差别并不大的工作中，没有把教学课程适应性创新摆在日常工作的重要位置。加之高校整体性的教学管理制度改革推进进程缓慢，而扩招又在加速，这就产生了需求与实际管理之间的时间差，与此同时，部分高校也没有形成科学的教学管理制度和激励机制，因而教师的主动性难以激发，教学管理制度的信息化建设与创新很难推广，因此就很难使教师专注于岗位的教学管理创新。

（二）基于信息化视域下的教学管理创新的意义

多元素融合的教学管理制度信息化创新是一件复杂的工程。这主要是因为在这个过程中，不仅需要集成某些网络技术、计算机技术和所涉及的管理技术与此同时，需要校方结合最新的管理学、教育学等多种学科最新理念对自身固有的管理方式进行一定程度的改良，而一旦组织中产生了变化，它无疑会导致教职员工的不稳定。鉴于以上情况，在进一步推进教学管理信息化建设的过程中，首先，要掌握校方主导原则这一原则要求在教学管理中的信息管理建设需要由大学的主要领导者领导，这一方面能够形成部门间的协同效应，另一方面则能够起到安抚各类员工情绪的作用。其次，在教学管理信息的构建中，必须把握适用性和先进性相结合的原则，这主要要求大学综合考虑各自的技术水平、实际需求和资金投入等因素。

首先，在高校进一步推进教学管理信息化建设是新时代高校对既有教学管理模式进行创新的必然要求。随着高校教学过程中信息化手段的深入融合，各高校已经开始在信息创新上投入更多的资金，付出更大的努力，但是随着办学规模的扩大，特别是多校区教学框架的逐步形成，目前的高校教学管理制度信息化建设依旧与实际的管理要求存在差距。为了更加轻松、快速、准确地获取各种信息，整合高校师生的需求，有必要对现有的信息系统及相关的工作流程和方法进行创新。

其次，信息化教学管理制度改革使得校方在实际管理过程中集成化、集约化、专业化、科学化水平不断提升，形成了师生互动、沟通顺畅的新型教学管理模式，切实推动了大学教学质量的提升。而大学作为培育新时代人才的主要阵地，一方面要着眼当前，做好学生的培养工作；另一方面也要放眼未来，根据阶段性的教学评估，及时调整教育方式，主动对社会整体发展进行有益的尝试。

（三）突出以学生为中心的理念，加强高校教学管理制度信息化创新

1. 转变教学理念，突出信息作用。转变理念是一切制度改革的先导，因此，对于各校而言，首先，应当充分认识到教学管理制度信息化建设和改革是提高目前我国高校教育质量和水平的前提，要真正把信息管理重要作用植根于思想中，以先进理念引导教师改变传统的教育教学方式，主动将最具时代特征的数字应用融入实践中。其次，要借助于已融合的信息手段，来调整完善现行的教学活动，丰富教育内容外延。校方应主动认识到内容延伸的重要作用，并据此积极引进相关人才，一方面引进新技术，另一方面引入新理念，全面负责起高校的教学管理制度信息化改革工作。

2. 注重新兴技术，加大自主研发。通常各高校会在现有教学制度的基础上引进第三方技术对教育模式进行改良，这是当前高校信息化建设的主要手段，但对于高校而言，引入第三方会带来尖端技术数据和学生的大量信息失窃风险。基于这一现实问题，高校应当适量、酌情追加信息建设系统自主研发经费，吸纳相关专业人士参与改革，建立起适应于本校特色的软件和应用，为构建符合自身需要、具有可持续性的管理机制奠定基础。需要注意的是，在进行研发前要充分采集全校师生的意见和建议，在最大程度尊重各方意见、满足多方需要的基础上优化教学管理制度。

3. 加强技能培训，完善教学团队。信息技术的飞速发展促进了高校信息管理建设的不断更新。首先，高校应加大对这些人才的培养力度，以适应新时期教学管理建设和发展的需要。通过培训，管理人员可以更全面、详细地了解系统的使用和操作，以及具有一定的维护和修理方面的技能。这对高校教学管理中信息管理的长期发展具有一定的积极影响，学院和大学应定期或小规模地为管理人员开设培训课程，增强服务意识与工作热情，

为广大师生提供优质服务。其次，高校可以组织相应的研讨会，为信息化建设征求合理的建议和策略，在一定程度上可以促进高校信息管理的建设和发展。

4．增强资金支撑，完善基础设施。各地区高校对计算机系统的综合研究和精心维护是高校信息管理建设的有力保障。高校应加大对信息化建设的支持力度，确保信息技术设施的完整性；应及时检查网络终端、教学管理系统和教务管理系统是否符合学校发展和师生要求；应更新和改进该软件和硬件设置，以确保教学管理信息设施的运行。要进一步提高信息化人才的技术和综合素质，这也是信息化设施建设的必要条件。

5．完善制度建设，创建良好环境。高校教学管理信息系统的完善是教学管理有效实施的基础，对调控和约束信息系统的管理者和员工起着重要作用。它在一定程度上能够延长系统的寿命。在建立和完善规章制度的过程中，要根据学校的实际情况，注意改进和制定规章制度。要推进教学方法和手段的管理，促进信息化建设的发展。

第三节　以学生为中心的高校教学方法的路径创新

一、高校推进以学生为中心的教学方法面临的阻碍因素

（一）学生学习方式的固化

不可否认，当前我国高校本科生曾一直接受的是灌输式教育，课堂上依赖教师的陈述、分析和讲解，也习惯于通过记笔记获取知识以及通过机械性记忆保存知识，甚至是学校组织的一系列课程考试，他们也寄托于任课教师对考试重点的提前告知从而进行有针对性的复习和备考。此外，这种由来已久的习惯也导致学生缺乏学习的自制力和自控力以及不愿与人合

作的团队精神。而且由于一直以来没有形成与同学的沟通协作的习惯，所以面对问题时除了自己寻找答案或等待老师解答之外就不会主动寻求其他同学的帮助，但其实同学之间的沟通和交流更能擦出创新和创造火花，这种同伴之间的积极互动更带来双方的成长和共赢。所以在这种被动和缺少与人协作交流下的教育很难达到学生能力训练，素养和价值观培养的目标。

（二）教师教学方法的守旧

传统的教学方法以教师为教学主体，缺少对学生需要和兴趣的考虑。首先在教学设计方面，教师仅仅重点考虑知识的系统性、科学性和前沿性，缺少对学生学习可能性的关注和考虑，认为学科知识越高深、越丰富越好，忽视学生的学习效果。其次就是对授课方式的选择和课堂时间管理层面，教师对授课方式的选择也仅仅考虑如何更好地将学科知识的精华传授给学生，课堂时间的管理也忽视了学生的自由探讨和交流。最后就是教师的教学观念和态度，高校教师没有真正意识到从学生角度出发，考虑学生学习效果以及改变教学方式对学生未来发展的重要性。

（三）高校评价制度的单一和教学设备的落后

高校的根本使命和目标是培养人才，但由于受到社会大众对其名誉的评价以及政府对其拨款时受学校排名、学科建设等因素的影响，高校将更多的时间、精力以及金钱投入于各种课题研究、科研获奖和学科建设等方面。本应放于教学方法的革新以提高人才培养质量的重心发生了倾斜，即使是教学相关部门也更多关注的是教材建设、教师评价等，而真正对学生学习效果和能力增长的关注甚少，并且作为教学方法的直接实践者的高校教师对学校评价制度的重视和反思也不够。高校教师也缺乏这方面的反思，即使有所意识也依旧心有余而力不足，因为学校对教师的业绩评价，以及职称的评定与晋升、津贴发放的衡量依据更多是论文发表的数量以及教师个人的教龄。此外，以学生为中心的教学方法对教学环境和教学设备要求会比传统教学方法高，比如，课堂需要的小组合作探讨以及学生对实践活动的参与需要更大的活动空间和实验平台以及流动的桌椅和适配于现代信息技术的教学设备。

二、以学生为中心的高校教学的现实路径

（一）以学生为中心的理论教学法

1．讨论式教学法。讨论式教学法以激发学生的主观学习能动性为立足点，通过准备、设计和提出特定的教学问题，引导学生对特定的问题进行讨论，其目的是鼓励引导学生各抒己见，培育学生养成乐于思考、善于思考、勤于思考的行为习惯，提升学生自主创新能力。讨论式教学法是教师引导学生养成独立思考能力的过程，其最终导向是将学生置于遇到问题—思考问题—分析问题—解决问题的常态化思维运行机制中，当学生用自己的视野分析问题的时候，必定会产生思想的撞击，当不同的观点交织在一起，必定会产生强烈的外部刺激，参与讨论的学生会对问题有新的认识，并通过主动学习和积极探索不断丰富和发展自己。与此同时，讨论式教学方法是增强学生思维能力和理解能力的主渠道，学生会在讨论的过程中对已有知识进行“头脑风暴式”的分析、判断、推理，这是一个对原有知识进行更新，对新知识进行逻辑架构的过程，学生需要深入问题的实质，运用原有的知识对新知识进行分析、判断和推理。学生在这一过程中能提升思维的敏捷性和灵活性，养成发现问题—分析问题—解决问题的能力。

2．问题式教学法。问题式教学法主要将教材中的内容和知识点以问题的形式呈现给学生，力促让学生在分析问题—探索问题—解决问题的过程中学习知识、运用知识、活化知识，增强学生的学习能力，促进学生的智力发育。在教学过程中，教师可以根据实际情况制定特定的问题，积极组织学生进行回答，着力培养学生解决问题的能力，如果学生回答不上教师设置的问题，教师可以帮助学生解答。问题式教学法的实质就是以教师设置问题为逻辑起点，为学生营造相互交流、沟通协调、探讨分析的氛围，

力促让学生具备问题意识以及分析、解决问题的能力。在教学中，教师根据特定的教学目标，围绕特定的主题设置相应的问题，在教师的引导下对问题进行探讨与反思，最后提升学生解决问题的能力。问题式教学法关键在于提出并设置合理的问题，设置的问题需要以教材的教学目标为中心，在问题中突出重点和难点问题，引导学生认真研读教材，并就核心的知识点搜集资料来扩充知识面，促使学生带着问题去解决问题，帮助学生深入理解和精准掌握课本中的知识点。

（二）以学生为中心的实践教学法

1. 课题式教学法。课题式教学法与传统的灌输式教学法不同，它是集教、学、研于一身的新式教学法，是在教师的指导下，开展学习、探讨、研究活动，它将教、学、研有机统一，积极引导学生开展相关课题的研究，着力培养学生的自主学习能力和科学研究能力。在教学中，教师可以将教学目标以及重点和难点告知学生，并在授课结束时，将拟定的选题布置给学生，要求学生围绕选题搜集资料，在搜集资料的过程中，学生可能会遇到这样或那样的问题，教师既要传道，也要解惑，要及时帮助学生解决遇到的问题，鼓励学生提出问题，在提出问题和解决问题的过程中逐步深化对于教材中知识点的认知和理解。一些高校教师在申报科研课题或者教研课题时，一般都围绕理论课的相关问题进行选题，可以让学生加入课题组，鼓励学生围绕课题开展调研，最终形成自身的知识体系和逻辑架构，在跟随教师做科研的过程中实现“学思用贯通、知信行统一”的教学效果。课题式教学要求学生具备一定的学习自主性，在课题式教学过程中，可以有效激发学生的主观能动性，从而提升学生学习的主动性，由他律转变为自律，切实增强学生的学习效能，分析问题、处理问题和解决问题，都需要学生自主探知、自主应用、自主解决“纸上得来终觉浅，绝知此事要躬行”。在求知的过程中，老师“教”只是一方面，更重要的就是学生的“学”，必须拿出“躬行其中”的姿态，方可获得“觉知此事”的效果。教师在课题式教学法中扮演的是领路人和引路人的角色，学生在其中占据着主体作用，在现有知识的基础之上，学生积极主动地参与课题并完成课题，在这一过程中，在学生按照自身的思维模式和探究方式去完成课题时，学生会主动思考，并形成新的认知，逐步架构起新的逻辑体系。

2．案例式教学法。案例式教学方法就是基于对案例分析与研究的教学方法，案例在具体的教学中具有辅助教学的作用，教师应在具体的教学中，运用案例激发学生的学习主动性和能动性，在营造具体情境的过程中，要引导学生积极主动地参与到案例情境的讨论中来，培育学生用所学知识思考和解决案例中出现的问题的能力。案例教学的实质在于提升学生运用知识的能力，让学生从重知识学习向重技能提升转变，如果学生只是沉淀于书本，而忽视技能的学习与实践能力的培养，将不利于学生终身学习与深造。“固本培元”虽然重要，但“守正创新”更适应学生的成长与成才。传统的教学方式往往注重知识的单向灌输，只是单方面告知学生如何更有效的学习，而学生学习知识的实践性无法有效体现，在一定程度上，束缚了学生的积极性，学生的获得感大打折扣。案例式教学法会给学生、提升自我、超越自我的空间，为学生创造更多可以独立思考的机会，并在具体的案例教学中鼓励学生养成独立思考、独立探索、独立求知的习惯，在“学思用贯通”中博学慎思，在“知、信、行”统一中笃定前行。案例式教学更注重教学过程中师生的交互性，传统式教学模式是“教师传达，学生接收”，处于“单曲循环”的固定模式中，教师一般通过量化考核的方式来判断学生在课堂中的学习效果。在案例式教学过程中，教师会呈现给学生特定的教学案例，学生在阅读案例的过程中，在理解阅读内容的基础之上形成自身特有的认知，并且可以对不理解的地方进行标记，在接下来的学习过程中，可带着自己的思考去探知答案，由此来深化对于知识的理解。教师在案例教学中扮演着辅导者和引导者的角色，可以组织学生进行分组讨论，学生在思考中会进一步深化对原有知识的理解和认知，对于在讨论中存在问题，教师可以在小组讨论中发言，积极摸清学生问题的迷雾，帮助学生更加深入地理解问题，在讨论中形成自身的知识体系和认知体系。

三、基于以学生为中心的教学理念创新高校教学方法的意义

高校遵循以学生为中心的教学理念开展教学工作，将教师转变为教学的组织者、引导者，让学生占据学习的主体地位，能够激发学生的主动性、积极性，大大改善教学质量。

（一）转变教学中心，实现对学生的深度引导

在传统教学模式之下，高校教师是教学的主体，负责向学生传授知识，而学生处于被动地位，缺乏与教师的有效互动，也不能满足学生的差异化学习需求。这种灌输性的教学方式无法很好地吸引学生，学生知其然不知其所以然，对知识一知半解，并不能真正掌握和运用知识，无法达到理想的教学效果。以学生为中心教学理念下的教学方式转变了教学中心，让学生成为课堂教学的主体，摆脱传统教学思想的约束，学生拥有更多自主学习的机会，能够进行充分的探索和钻研，显著扩大了学生知识面，提高了学生各方面的能力。在全新的教学方式之下，教师可以深度引导学生，使学生充分投入学习活动中，能够真正学习到与自身兴趣、需求相符的知识，学生在课堂中的活跃性大大提高，提升了学生的学习效率。

（二）提高学生学习主动性，实现素质教育

同高校传统教学理念明显不同，以学生为中心的教学思想更加关注学生的学习积极性和主动性。在这一理念下形成的教学方法要求学生主动搜集和整理资料信息，对问题进行分析、研究，解决问题的有效解决策略，并对知识框架进行构建，可以让学生在沉浸式学习过程中获得良好学习体验，感受学习知识的乐趣。依靠全新的教学方式，在教师的积极引导下，学生的自主学习能力、独立分析能力以及质疑能力明显提升，能够实现感悟、反省和改正，科学认知自我，实现自身的价值，这就激发了学生的学

习主动性。而且在高校强调素质教育的大背景下，秉承以学生为中心的思想来创新教学方式，充分尊重了学生的主体性，促进了学生能力培养、个性发展以及综合素质的提升，对学生的成长成才有极大的帮助。此外教学方式的创新有助于打造出全新的教学模式，为学生营造出良好的学习条件和环境，能够推动学生的全面发展，实现高校素质教育的目标。

（三）关注学生的个性差异，提升学生的创新能力

结合教育学理论进行分析，高校所开展的教学工作必须要助力高校发展，而高校发展则依赖学生自身发展，这就要求应确保教学方法与学生的心理特点、需求相符，以推动学生成长进步的方式来助力高校的发展。在以学生为中心的教学理念之下，高校遵循基本教学规律、学生认知特点及兴趣爱好，将学生作为高校发展的根本，将实现学生全面发展作为目标，运用以兴趣为导向、以问题为导向等教学方式，结合学生实际需求有效落实教学活动，迎合了学生差异化的需求，提高学生的学习成效，充分激发了学生的想象力和创造力。高校教学方法的选用坚持以学生为中心的原则，使学生在开放化的环境中进行学习，使教学内容、教学方案迎合不同层次学生的需求，有效促进了学生的个性化发展。在全新的教学方式之下，学生也可以结合自身状况合理选取学习课程、时间，构建出充满人文关怀的课堂，为学生创新、创造力的发展创造了良好的条件。

四、高校推进以学生为中心的教学方法的路径思考

新时代背景下，促进高校教学方法的创新改革，优化教学路径，已经成为高校教学增质提效，提高学生综合素质和能力的关键所在。在创新高校教学方法的过程中，应统筹分析各方面的要素，积极探寻丰富性、多元性的教学方式，提高教育教学工作的针对性和有效性，有效实现教学目标。

（一）注重教学设计，系统化创新教学方法

高校结合以学生为中心的教学理念，在创新教学方法的过程中，应结合教学规律及特征，提高对教学设计的重视，对教学过程、行为进行进一步的优化，改善教学效果。

第一，应优化课程教学设计。教师要确保教师对课程教学目标有明确的把握，了解学生的学习水平及能力，对知识、知识转化为素质能力的途径进行优化调整，保证课程教学内容的优质性，科学分配理论和实践教学所占的比重。在落实课程规划工作时，教师要研制出合理的课程实施方案，对教学环境、教材、学生等因素进行综合性的分析，确保学生能够主动参与到教学活动中，并同教师进行充分的互动，打造出活跃、开放的课堂。教师应自身的教学风格，所构建的教学情景，对教学方法进行针对性的选取、运用。

第二，对课堂教学设计进行优化。教师参考课程设计框架，根据课堂教学目标、内容等，科学设计教学方式，灵活运用教学媒体，实现良好的教学互动。在这个过程中，教师可以将传统板书教学与现代教育方式整合起来，提高课堂教学的吸引力，保证各环节教学质量。处在信息化时代背景下，教师应依托多媒体教学技术，构建教学信息资源库，对课堂教学设计进行优化，通过多媒体教学方式进行授课，将知识以文字、图片、音视频等多种方式呈现给学生，来提高学生的学习兴趣。

第三，高校应组织教师积极参与教学方法创新交流、研讨活动。高校要广泛开展教学方法研讨活动，结合学生的学习反馈，以提高学生学习效率为导向，引导教师对全新教学方法进行讨论、分析，调整教学思路，促进教师“教”与学生“学”的有效整合。教师应结合自身教学经验，利用现代教育技术，形成特色化教学方式，确保全新教学方法能够适应不同的教学情境，提高学生的思维活力，保证课堂教学质量。

（二）改善教学互动方式，实现因材施教

在创新高校教学方式的过程中，应充分体现以学生为中心的思想，全方位掌握学生基本学习状况、知识架构，确保后续开展的教学工作与之前学习任务相衔接，使学生更加容易接受知识。教师要注重与学生间的互动，对提问互动的方式进行创新，在保证问题难度适宜、提高学生学习兴趣的基础上，引发学生深入思考。

一方面，教师在线下课堂教学过程中，都要注重与学生间的互动，为学生提供一个发表自身观点、看法的渠道，合理应用情境创设法、启发提问法等，活跃课堂气氛，实现教师和学生的平等交流。而在线上教学中，教师也应搭建良好的交流沟通平台，及时了解学生的学习状况、学习过程中遇到的问题，提高学生学习效果。

另一方面，教师也可以对课程任务、学习问题进行设置，还要引导学生以小组的形式进行讨论和研究，协同完成学习任务。在小组学习过程中，教师要保证研究方向的正确性，及时给予学生帮助，让学生在共同探讨和分析中，扎实掌握知识，形成良好的表达能力、团结能力和创新能力。

此外，高校要了解不同层次学生的学习特点、能力及认知水平，根据学生间的个体差异，有效开展分层教学。教师应将学生划分为不同的层次，合理设置不同难度的学习任务，巩固学生知识的同时，挖掘学生的无限潜能。教师要确保不同层次的学生都能够感受到学习的乐趣，具有较强的自信心，真正发挥学生自身在学习中的主体地位，促进学生的发展。

（三）完善教学设备，为教学方法改革提供技术支持

当前所处的信息技术时代已经为改革教学方法和实现教育现代化的改革提供了技术支持。高校还可借助计算机网络技术和多媒体技术为本校师生和其他学校师生提供网络教学平台和学习平台，提供教师教学经验交流以及学生学习资料共享的机会。此外，高校财政管理部门也应加大经费投入力度以改善教学条件，建设高水平研讨型教室和智慧型教室，适合讨论

式和研讨式的课程内容可以在专门的教室进行。对于一些需要教师与学生的课堂互动以及学生小组之间的自由探讨类的特殊课程，还可在教室内设置可自由移动和灵活组合的讲台和桌椅等。

（四）改革评价制度，构建多元评价体系

一方面，以学生为中心的教学方法既注重学生最终的学习效果，也注重学生的学习过程和学习成长，所以对学生的评价和考核应采取形成性评价、终结性评价和学生自我评价相结合的方式。形成性评价主要考查学生对于课堂问题的积极思考情况、对小组合作的积极参与情况和对不同形式任务的完成情况。总结性评价不仅能体现学生对该学期所学知识的掌握情况，而且也能反映出学生对教学方法改革的适应与否。而学生的自我评价则让学生比较不同时期下自己的进步和突破，不像以往在与班上同学进行对比时导致他们积极性和自信心的消磨，学生对自我预期达成与否更能激发他们对自己学习的负责意识和独立精神。这种科学客观的评价体系增加了教师对学生学习过程的了解和监控，并且能在有效分析学生的优势和不足的基础上及时给予针对性的辅导和帮助。

另一方面，对教师的评价也不能仅仅关注其科研贡献，也需要重视其课堂教学成就，扭转“重科研轻教学”的导向，在评教过程中还可以发挥学生评教的作用，毕竟学生对课堂教学具有直接的体验和感受，他们最清楚教师的教学是否真正促进了他们学习能力的提升和主人翁意识的激发。

参考文献

[1]何聚厚．高校教学模式创新与实践研究[M]. 西安：陕西师范大学出版总社有限公司，2021.

[2]皇甫菁菁．高校教学理论研究与实践[M]. 长春：吉林出版集团股份有限公司，2022.

[3]李爽．“互联网+”时代高校课堂教学创新[M]. 哈尔滨：黑龙江教育出版社，2020.

[4]刘泽乾，李牧，李高行．高校教学论[M]. 长春：吉林人民出版社，2020.

[5]庞海芍，隋艺，张叶晔．以学生为中心的教学创新理念与实践[M]. 北京：北京理工大学出版社，2021.

[6]宋燕．教学学术视角下的高校教学改革与发展[M]. 北京：九州出版社，2023.

[7]薛明明，张海峰．高校教学管理及教学质量保障体系的建设与探索[M]. 北京：九州出版社，2021.

[8]杨春梅．高校以学生为中心的教学理念与路径[M]. 北京：北京理工大学出版社，2018.

[9]张露汀，杨锐，郑寿纬．高校教育教学创新研究[M]. 长春：吉林人民出版社，2021.

[10]张晓军，席西民．大学转型从教师主导到以学生为中心[M]. 北京：清华大学出版社，2021.

[11]张悦．教海探航 现代高校教学模式与方法探索研究[M]. 北京：中国商业出版社，2023.

[12]周烈．高校教学与治理的探索实践[M]. 北京：旅游教育出版社，2021.

图书在版编目(CIP)数据

以学生为中心的高校教学与实践探索 / 王俏著. --
湘潭 : 湘潭大学出版社, 2024.3
ISBN 978-7-5687-1400-6

Ⅰ. ①以… Ⅱ. ①王… Ⅲ. ①高等学校—教学研究
Ⅳ. ① G642.0

中国国家版本馆 CIP 数据核字(2024)第 051737 号

以学生为中心的高校教学与实践探索

YI XUESHENG WEI ZHONGXIN DE GAOXIAO JIAOXUE YU SHIJIAN TANSUO

王俏 著

责任编辑:刘文情
封面设计:张 波
出版发行:湘潭大学出版社
社 址:湖南省湘潭大学工程训练大楼
电 话:0731-58298960 0731-58298966(传真)
邮 编:411105
网 址:http://press.xtu.edu.cn/
印 刷:长沙超峰印刷有限公司
经 销:湖南省新华书店
开 本:710 mm×1000 mm 1/16
印 张:13.25
字 数:202 千字
版 次:2024 年 3 月第 1 版
印 次:2024 年 3 月第 1 次印刷
书 号:ISBN 978-7-5687-1400-6
定 价:60.00 元